MINISTÈRE DE LA JEUNESSE,
DE L'ÉDUCATION NATIONALE
ET DE LA RECHERCHE
Direction de l'enseignement scolaire

Service des formations
Sous-direction des actions éducatives et de la formation des enseignants
Bureau de la valorisation des innovations pédagogiques

Pratiques innovantes

DÉBATTRE

Accompagner les démarches innovantes

Actes du colloque des 24, 25 et 26 avril 2002
La Grande-Motte – académie de Montpellier

CENTRE NATIONAL DE DOCUMENTATION PÉDAGOGIQUE

Coordination des actes : Danielle Alexandre
Ministère de la Jeunesse, de l'Éducation nationale et de la Recherche
Direction de l'enseignement scolaire
Service des formations
Sous-direction des actions éducatives et de la formation des enseignants
Bureau de la valorisation des innovations pédagogiques

Remerciements à Marie-Lucy Dumas, Jean-Paul Udave, Michel Tozzi,
et toute l'équipe du bureau de la valorisation des innovations pédagogiques

Suivi éditorial : Christianne Berthet
Secrétariat d'édition : Chantal Quiquempois
Mise en pages : Michelle Bourgeois

ISBN : 2-240-01328-1
ISSN : 1635-690 X

SOMMAIRE

Annexes

Depuis 1994, le ministère de la Jeunesse, de l'Éducation nationale et de la Recherche a mis en place au sein de la direction de l'enseignement scolaire le dispositif de « Valorisation des innovations pédagogiques » pour soutenir, capitaliser et diffuser les pratiques innovantes inventées au quotidien par des enseignants au plus près des réalités du terrain. Dans chaque académie, sous l'autorité des recteurs, des coordonnateurs organisent le repérage et le suivi d'équipes volontaires porteuses de projets. L'accompagnement de ces pratiques nouvelles s'est considérablement développé au cours de ces dernières années. Concept novateur, il a évolué sous des formes différentes selon les académies et a d'ores et déjà montré son efficacité. Les académies d'Aix-Marseille, de Clermont-Ferrand, de Corse et de Grenoble ont répondu à l'initiative de l'académie de Montpellier organisatrice d'un colloque ayant pour thème « l'accompagnement des démarches innovantes » afin de confronter et interroger leur expérience ainsi que les dispositifs mis en place.

La collection « Pratiques innovantes » propose deux types d'ouvrages. À côté de la série « Témoigner » où sont présentées des expériences conduites par les équipes, il existe une série « Débattre » qui vise la confrontation des idées autour de problématiques transversales. La publication des actes de ce colloque, troisième titre de la série, permet ainsi aux acteurs de l'ensemble du système de nourrir leur réflexion et contribue à anticiper des évolutions.

Jean-Paul de Gaudemar,
directeur de l'enseignement scolaire

Ouverture du colloque

William Marois, recteur de l'académie de Montpellier

Je suis heureux d'ouvrir ce colloque et de vous accueillir à La Grande-Motte, dans l'académie de Montpellier, pour participer à ces journées. Je remercie en particulier les représentants des académies d'Aix-Marseille, de Clermont-Ferrand, de Corse et de Grenoble d'avoir répondu à notre invitation et de s'associer à nos travaux. Je remercie également de sa présence Mme Faucqueur, chef du bureau de la valorisation des innovations pédagogiques, à la direction de l'enseignement scolaire. Je sais que ses collaborateurs ont apporté un soutien précieux à l'équipe de la délégation académique à la formation des personnels et à l'innovation, dirigée par M. Bontemps, qui a organisé ce colloque interacadémique. Je remercie enfin le professeur Tozzi d'en avoir accepté la responsabilité scientifique.

Ce colloque correspond à un enjeu important. En effet, comme le soulignait un récent rapport, « l'innovation se trouve partout dans le système éducatif, depuis toujours, contrairement aux idées reçues ou aux accusations d'immobilisme. Pourtant, elle est insaisissable, mouvante et incertaine ». Dans ces conditions, le repérage, l'accompagnement et la diffusion des innovations ne sont pas aisés.

C'est pourtant la mission de la politique nationale et académique de soutien à l'innovation telle qu'elle a été réaffirmée dans la lettre du 26 octobre 2001 de Monsieur le ministre de l'Éducation nationale. Ce texte invite en particulier à mettre en place dans chaque académie « un pôle d'accompagnement au montage de projets innovants, d'aide et de conseil, de suivi et d'évaluation ».

Dans l'académie de Montpellier, il a été décidé de réunir en une seule délégation les services qui conçoivent et mettent en œuvre la formation continue et ceux qui soutiennent l'innovation. Il nous a semblé, en effet, que ce rapprochement offrait de nombreux avantages. Il permet de mutualiser les moyens pour une plus grande efficacité. Ainsi, les petits moyens de l'innovation peuvent-ils profiter de ceux, plus grands, de la formation comme en témoigne l'organisation de ce colloque.

Ensuite, formation et innovation entretiennent des liens étroits. La formation ne vise-t-elle pas à la diffusion de l'innovation ? L'innovation ne réclame-t-elle pas un accompagnement par la formation ? Les innovateurs ne constituent-ils pas un vivier potentiel de formateurs ? Le travail de formalisation par l'écriture qui caractérise l'accompagnement des équipes contractualisées recèle une forte dimension formative. Quoi de plus formateur, en effet, que l'analyse par l'écriture de ses propres pratiques professionnelles ? Au moment où la formation continue des personnels cherche à dépasser la forme classique du stage de deux jours, en « présentiel », cette expérience d'accompagnement par l'écriture des équipes innovantes est une occasion de réflexion qui mérite d'être poursuivie.

Ce rapprochement entre formation et innovation s'est d'abord concrétisé dans notre académie par la mise en place du réseau des conseillers en formation et innovation (CFI). Les CFI ont une double mission : d'une part, ils aident les établissements à construire leur plan de formation et en suivent la réalisation ; d'autre part, ils repèrent et accompagnent les équipes innovantes. Installés au niveau du bassin, ils bénéficient d'une proximité des établissements qui leur permet de jouer un rôle d'intermédiaires, de « facilitateurs » mais aussi de relais entre les services académiques et les établissements scolaires.

Je souhaite qu'ils puissent pleinement jouer leur rôle d'accompagnement, ce qui nécessite de l'engagement personnel, l'appui d'un cadre académique qui légitime l'action, mais aussi des compétences étendues.

C'est l'un des objectifs de ce colloque. La réflexion théorique et éthique sur la fonction, le recensement des connaissances et des savoir-faire, l'entraînement à l'analyse des pratiques sont autant d'occasions de renforcer les compétences. Nous comptons aussi sur la présence d'enseignants « innovants », ayant une expérience de l'accompagnement, pour qu'ils en témoignent et précisent leurs attentes ainsi que leurs besoins. La confrontation avec les expériences acquises dans d'autres académies ne manquera pas non plus d'être bénéfique.

Je vous souhaite donc des travaux fructueux pour vous, mais surtout pour les élèves. Permettez-moi d'insister sur ce point. À l'origine de l'innovation, il y a la volonté d'une plus grande efficacité pédagogique, le désir de voir diminuer l'échec, de mieux assurer la mission d'instruction, de transmission des savoirs mais aussi d'éducation et de formation civique de la jeunesse. Vouloir accompagner l'innovation, c'est se mettre au service de cette recherche d'efficacité. C'est donc une belle et noble mission.

Pour une problématique de la vigilance

Michel Tozzi, professeur des universités, Montpellier-III

Problématiser en sciences de l'éducation, ce peut être, par rapport à une demande sociale, construire un questionnement qui met à jour un problème parce qu'il y a des enjeux pour le système éducatif et ses acteurs, des difficultés à le penser et une urgence à répondre concrètement. Les mots sont des symptômes d'une réelle problématique autant que des outils pour la comprendre et la modifier : hétérogénéité, différenciation, intégration, violence, projet sont par exemple de cette nature. Innovation et accompagnement aussi.

Qu'une instance de l'Éducation nationale organise un colloque sur « Accompagner les innovations », ciblé majoritairement sur des « conseillers en innovation », a du sens. La demande du public ira au plus court : « Comment accompagner les innovations ? » Mais toute demande technique en formation doit être ramenée à ce qui fait sens : les finalités d'une pratique. « Pourquoi considère-t-on comme souhaitable, voire nécessaire (il y a des personnels payés pour cette activité), d'accompagner les innovations dans le système éducatif ? »

Le « comment », parce que c'est leur tâche, percute directement les institutions auxquelles elle a été déléguée : bureau de la valorisation des innovations pédagogiques à la Desco[1], délégations académiques à l'innovation, plus récemment Conseil national de l'innovation pour la réussite scolaire (Cnirs), plus anciennement INRP… Cette interrogation pratique présuppose comme évidence, découlant d'une orientation politique, l'intérêt de l'innovation et de son accompagnement pour le système éducatif. Or, toute évidence, surtout lorsqu'elle découle moins d'un rapport à la vérité que d'une décision pour l'action, doit être épistémologiquement interrogée. La question devient alors plus dérangeante pour les consensus institutionnels : « L'accompagnement des innovations peut-il contribuer à répondre aux problèmes auxquels est actuellement confronté le système éducatif ? » Si la réponse est positive, on peut se demander en quoi, et si par aventure elle était négative, il faudrait s'interroger : pourquoi ?

L'innovation : point ou nœud d'articulation entre institution et terrain ?

Si l'on analyse les textes officiels sur l'accompagnement des innovations et la logique du dispositif, on peut faire deux lectures contrastées.

1. Les sigles sont explicités en fin de brochure.

Une lecture positive pour les tenants de la pédagogie ?

Valoriser l'innovation, la faciliter, la diffuser semblent une preuve de confiance de l'institution envers les acteurs pour faire évoluer le système. On met en valeur les initiatives, la capacité à inventer, la créativité. On encourage l'autonomie, on accrédite l'image d'un professionnel avec une large marge de manœuvre et de liberté dans son travail, capable d'anticiper les évolutions et de construire lui-même des réponses aux problèmes émergents. À l'agent produit par le système et reproducteur de sa logique[2] ferait place un acteur, voire comme dit Jacques Ardoino[3] un auteur, créateur de sa propre pratique, « s'autorisant à », sans forcément « être autorisé par », encore moins « être obligé de ». Ce champ du possible, ouvert par l'institution elle-même, permettrait à la base le déploiement d'un espace pour construire l'école de demain.

Cet effacement d'une verticalité institutionnelle, perçue comme oppressive par son poids hiérarchique, pourrait faire tourner la tête à un militant pédagogique post-soixante-huitard ! L'innovation n'était-elle pas en rupture avec la logique du système éducatif, par indignation contre son fonctionnement sélectif de tri entre les classes sociales, sa nature « d'appareil idéologique d'État[4] » au service de la bourgeoisie, son asservissement des milieux défavorisés et sa préparation au pouvoir des « héritiers[5] » ? L'innovateur n'était-il pas celui qui voulait armer la classe ouvrière, qui bravait le conformisme du cours magistral, qui plaidait la marge contre la norme institutionnelle, dénonçait le lycée-caserne ou prison de Michel Foucault[6], la séparation des sexes, conscientisait la jeunesse ? Et de citer toute l'histoire de l'éducation nouvelle au XXe siècle, l'exemple du grand pédagogue Célestin Freinet contraint de sortir de l'Éducation nationale pour créer sa propre école, les rapports sévères des inspecteurs contre les militants pédagogiques, le chapelet de leurs ennuis institutionnels...

L'institution aurait évolué par le changement de mode de recrutement de ses cadres (le chef d'établissement comme « animateur pédagogique », l'inspecteur sensibilisé aux sciences de l'éducation et formé aux méthodes pédagogiques), par l'accent mis sur la professionnalisation, par le contenu de ses formations initiales et continues : elle se serait « pédagogisée ». Elle reprendrait dans ses circulaires, ses programmes, sous l'influence de certains praticiens ou didacticiens des disciplines et des sciences de l'éducation ou encore à cause de l'évolution sociétale des formes d'autorité et des mœurs, bien des propositions et des pratiques longtemps proposées par des innovateurs et longtemps combattues par l'institution. L'interdisciplinarité, le travail des élèves en groupe, l'équipe pédagogique et éducative, l'autonomie des établissements, les théories de l'apprentissage, la centration

2. Bourdieu P., Passeron J.-C., *La Reproduction*, Paris, Minuit, 1970.

3. Ardoino J., « L'approche multiréférentielle des situations éducatives et formatives », *Pratiques de formation-Analyses*, Formation permanente, université Paris-VIII, avril 1993, n° 25-26.

4. L'expression est de Louis Althusser.

5. Titre d'un ouvrage de Pierre Bourdieu paru en 1966.

6. Voir par exemple son ouvrage *Surveiller et Punir*.

sur l'élève, les méthodes actives seraient à l'ordre du jour. On donnerait en exemple la pédagogie institutionnelle qui sentait, il y a quelques années, le souffre ! L'innovation ne serait plus réprimée mais autorisée. Et pas seulement tolérée, mais encouragée ! Une révolution douce en quelques décennies, qui obligerait d'ailleurs les mouvements pédagogiques à redéfinir dans ce contexte leur utilité, à travailler leur écart par rapport à l'institution, leur « devoir d'impertinence », au-delà des coopérations désormais possibles et peut-être souhaitables…

Une lecture plus critique pour la sociologie des organisations ?

Changeons de grille de lecture. C'est l'institution qui décrète un « droit à l'innovation ». Or, celle-ci est par excellence le champ de la créativité personnelle ou collective. Mais que se passe-t-il quand elle est réglementée, quand son soutien est accordé par le cadre réglementaire. Il y a un « appel national à initiatives », relayé par des appels académiques. Mais le soutien à celles-ci suppose l'adhésion aux valeurs de l'institution, elles doivent être en cohérence avec les grands objectifs institutionnels. Pour être reconnue comme telle, une innovation doit être repérée par une procédure sur dossier, se déclarer pour se faire reconnaître et être retenue en fonction de certains critères : se faire dans le cadre d'une équipe, du projet d'établissement (et *quid* d'un individu ou d'une équipe qui ne s'y rattacherait pas ?), de priorités académiques, d'orientations nationales, celles-ci spécifiant six domaines précis ! On ajoute que l'innovation se mérite, donnant certains moyens humains et financiers dès lors qu'elle est agréée (argent, heures supplémentaires, accompagnement) ; qu'elle donne des obligations car le soutien est contractualisé dans une convention proposée par l'institution : il faut notamment analyser et évaluer son projet, écrire sur cette pratique, participer à des réunions et rencontres. On voit que le cadrage est fort : identification, contractualisation, évaluation. On comprend qu'une institution publique, vivant de fonds d'État, sélectionne des actions qu'elle encourage financièrement et qu'elle le fasse en fonction de critères propres qui renvoient en dernière analyse à une politique. Les acteurs de terrain sont désormais confrontés à un cadre, des procédures qui n'ont plus rien à voir avec des innovations spontanées, voire contestataires. L'innovation est aujourd'hui une « carotte » : elle donne des moyens – donc facilite la pratique – et du prestige. Car être reconnu, c'est une image de marque valorisante. Il faut d'ailleurs faire une démarche pour l'être, ce qui autorise bien des projets-papier ou des pratiques sans originalité à tenter de se faire valoir. Aubaine pour des chefs d'établissement ou des personnels en recherche de reconnaissance narcissique ou carriériste, quand tant de gens dans l'Éducation nationale se sentent méprisés !

En faisant de l'innovation un droit, sans aller jusqu'au devoir (!), et en la valorisant par un dispositif, l'Éducation nationale fait de l'innovation un « pédagogiquement correct ». D'où cette injonction paradoxale : « Innovez, soyez créatifs ! » Avec, par ce *double bind*, des ambiguïtés, des limites et bien des dérives…

Intérêt et limites d'un mode de pilotage

La leçon semble avoir été entendue par certains responsables du système éducatif, après bien des réformes imposées et avortées : on ne change pas bureaucratiquement par le haut un système où l'efficacité dépend de l'adhésion et de l'initiative des acteurs et où il s'agit moins de produire des marchandises que de faire émerger des libertés et de la citoyenneté... Il faut donc, non décréter l'évolution, mais tenter d'articuler une logique descendante avec des initiatives ascendantes. C'est un défi et un pari que de penser cette articulation et de la rendre opérationnelle, connaissant la taille du système éducatif français, ses traditions centralisatrices et la force d'inertie, voire de résistance – à bon ou à mauvais droit – de nombre de ses acteurs et de leurs organisations corporatives et syndicales.

La question est de savoir si cette articulation peut être dialectisée ou court tout droit à l'aporie. Si la contradiction apparente des logiques d'en haut et d'en bas peut être surmontée, le système bouge de lui-même, et pas seulement sous la pression de contraintes exogènes. On entre dans une culture du changement, de l'adaptation positive, de l'innovation comme modalité d'évolution. Si le « droit à l'innovation » passe pour la pilule qui fait passer les dernières réformes, l'incitation au changement est perçue comme hiérarchique et injonctive, la résistance se met en branle et le système se grippe.

Or, on désigne aujourd'hui des réformes par le vocable « innovations institutionnelles », ce qui brouille le concept d'innovation puisque le mot désigne aussi les initiatives de praticiens du terrain. L'innovation est devenue un mode de pilotage du système éducatif, une modalité plus intelligente et plus souple que la prescription qui descend la cascade hiérarchique avec de plus en plus de pression. Elle fait le pari qu'une innovation d'en haut peut être mise en œuvre par des innovateurs d'en bas ; que si l'on donne à la tête des objectifs, c'est au terrain de trouver les moyens les plus pertinents, ceux qui collent au contexte.

L'intérêt de cette conduite, c'est de faire confiance aux acteurs pour opérationnaliser, de leur donner une marge d'initiative dans un cadre donné, de penser qu'ils sont les mieux placés pour adapter, contextualiser des orientations, jusqu'à proposer des pistes auxquelles nul n'aurait pensé. Les limites, c'est qu'il y aura toujours des gens pour dénoncer le piège, le marché de dupes : on te reconnaît, on te flatte si tu as envie d'aller toi-même vers là où l'institution veut que tu ailles. L'institution utilise la ruse pédagogique de Rousseau : montrer à l'acteur qu'il fait bien de vouloir aller là où l'on veut qu'il se dirige ; encourager ceux qui tentent d'appliquer avec créativité les réformes entreprises, par exemple dénicher et faire connaître le parcours diversifié, l'itinéraire de découverte, le TPE ou le débat d'ECJS le plus génial... L'innovation perdrait ainsi toute dimension subversive, n'étant plus qu'un moyen, une stratégie au service de l'institution. Elle serait tout entière du côté de l'adaptation et jamais du côté de la résistance ou de l'irruption.

Et de fait, quelles sont les innovations rejetées par l'institution, politiquement incorrectes ? Quel conseiller en formation serait prêt à reconnaître une innovation purement individuelle, et non collective ? Déconnectée du projet d'établissement ? Hors priorités académiques ou nationales ? Une équipe innovante en conflit avec son chef d'établissement, son IEN[7] ou son IA ? Ce serait aller au devant de difficultés. Et pourtant, il pourrait s'agir parfois d'innovations pédagogiquement et socialement porteuses. Il peut donc y avoir un conformisme de l'innovation, celui du champ des innovations « institutionnellement correctes ».

Tant mieux si l'institution lutte pour la réussite de tous, est au service de la république par l'instruction et la socialisation. Mais s'il s'avérait qu'elle laissait pour compte une partie des élèves, les plus défavorisés économico-socio-culturellement ? Si, comme le soutient Philippe Meirieu, le critère de l'innovation intéressante n'est pas qu'elle est nouvelle (car le neuf n'est pas par essence émancipateur), ou encouragée par l'institution, mais qu'elle lutte contre l'exclusion, voilà l'innovation dont nous avons besoin dans une véritable démocratie !

Un conseiller en formation peut ainsi se trouver confronté à deux loyautés. D'une part, celle de l'institution qui le paye pour repérer, analyser, valoriser, diffuser des innovations conformes à ce qu'en attend l'institution, c'est-à-dire pour une bonne part, accompagner intelligemment les réformes. D'autre part, celle d'un idéal démocratique et pédagogique : travailler à l'émancipation des élèves par la culture et la socialisation démocratique et, en premier lieu, de ceux qui en sont privés par leur milieu et souvent exclus par l'école. À chacun d'analyser s'il y a là un « conflit de légitimité » ou une possibilité d'« articulation » complémentaire. Mais, une action institutionnelle sans finalité émancipatrice conduirait la pratique à une réduction techniciste au « comment » et à une dimension politique non interrogée. Si l'on trouve beaucoup de militants pédagogiques dans le réseau des innovations, qu'ils soient innovateurs de terrain, accompagnants ou cadres du système éducatif, c'est que, quelque part, une articulation est possible entre un travail dans et par l'institution et un objectif d'émancipation. C'est cette capacité à réussir une telle articulation qui doit être collectivement travaillée dans ce colloque.

L'accompagnement

L'accompagnement d'une innovation prend donc son sens d'abord de la nature et des objectifs de l'innovation concernée. Celui-ci n'est pas un concept nouveau dans le champ social, mais il émerge aujourd'hui aussi en formation[8], dénommant une pratique assez différente de celle d'un formateur en stage. Il ne s'agit pas d'amener des formés là où on l'on veut qu'ils aillent, mais de faciliter le chemin qu'ils tracent eux-mêmes ; de n'accompagner que des individus volontaires (d'où la notion de contrat) car, on les considère comme des acteurs de leur propre pratique. De les suivre dans le temps, car l'innovation s'inscrit dans l'historicité d'une expérience (d'où la négociation de la périodicité, du rythme et du contenu des rencontres). L'accompagnement est une forme d'aide et l'aide en formation s'adresse à des personnes, dans leur dimension professionnelle.

7. IEN : inspecteur de l'Éducation nationale, IA : inspecteur d'académie.

8. Voir « L'accompagnement, une idée neuve en éducation », *Cahiers pédagogiques*, avril 2001, n° 393.

Le contrat institutionnel de soutien à l'innovation, en contrepartie de l'attribution de moyens, implique, pour l'équipe d'un établissement, de développer un projet, d'analyser sa pratique, de l'écrire et de la diffuser. Cette contractualisation balise le champ de l'accompagnement. Ce champ, c'est d'abord celui de l'aide à la conception, à la mise en œuvre, au développement et à l'évaluation d'un projet. Cela implique de l'accompagnateur, selon que l'équipe est en démarrage ou opérationnelle, qu'il aide à formuler ou repréciser les objectifs, les modalités, les échéances. Il ne se substitue pas au groupe, il ne fait pas prévaloir ses idées, il n'assume pas le *leadership*, il respecte le ou les *leaders* du groupe. Il est simplement clair sur la méthodologie et les processus d'un projet, la conduite de réunion, la dynamique des groupes.

Ce champ est aussi celui de l'analyse des pratiques. Il ne s'agit pas pour l'accompagnateur d'observer de l'extérieur la pratique d'une équipe et de lui en renvoyer une analyse, mais d'aider le groupe et les individus qui le composent à analyser par eux-mêmes leur propre démarche, de créer un espace de parole et d'intelligibilité où se croisent et se mutualisent les regards des acteurs, les difficultés externes et internes rencontrées. L'extériorité de l'accompagnant permet l'émergence d'un processus d'analyse, par la médiation de son attitude respectueuse et du (ou des) dispositif(s) rigoureux qu'il propose. La maîtrise de méthodologies comme le Gease, le Gap[9], l'entretien d'explicitation, etc., est ici nécessaire[10].

Le contrat stipule que l'équipe doit écrire sur cette pratique innovante. On voit bien l'intentionnalité institutionnelle : faire connaître des pratiques jugées novatrices pour donner à d'autres des idées, des envies. C'est la stratégie escomptée de la « tâche d'huile ». Écrire sur (et pas seulement pour) son activité professionnelle individuelle ou collective est aujourd'hui considéré comme un processus formatif. Cela éclaire l'acteur par la production d'une intelligibilité sur le sens de sa pratique et de la situation éducative dans laquelle il est plongé, et cette analyse peut lui donner des points d'appui pour « ajuster le tir » devant des difficultés.

Mais au-delà de cette autocentration de l'écriture d'analyse, le processus est différent lorsqu'il s'agit d'écrire pour l'institution ou pour un public extérieur au groupe, celui des personnels de l'éducation. La publicité d'une pratique expose ses acteurs. Ceux-ci peuvent redouter d'être jugés par une hiérarchie qui ne trouvera peut-être pas si bien ce qu'ils font (et qu'en sera-t-il alors des moyens distribués ?). Ils peuvent avoir la tentation d'enjoliver, de gommer les problèmes, de présenter quelque chose de lisse, de logique et continu, de s'en tenir aux résultats (d'autant qu'il faut s'auto-évaluer), au produit de l'action.

Alors que l'intérêt d'une innovation, c'est sa genèse contextuelle pour répondre à un problème, ce sont les tâtonnements d'une réflexion, les balbutiements d'une mise en place, l'histoire des difficultés rencontrées, son caractère souvent inchoatif, aventureux, la confrontation à des difficultés et des résistances multiples, à de l'imprévu. C'est une action

9. Les sigles sont explicités en fin de brochure.

10. Voir « Analysons nos pratiques professionnelles », *Cahiers pédagogiques*, septembre 1996, n° 346.

nourrie de désir et d'enthousiasme, mais aussi de moments de découragement ! Ce qui est donc intéressant pour comprendre une innovation, c'est son processus et pas seulement les critères de son efficacité qui n'est que la conséquence de cette expérience vivante.

L'écriture comme commande institutionnelle peut être stérilisatrice si elle est perçue comme devoir à la maison, obligation et pensum, surtout lorsqu'il s'agit de fiches-bilans ressemblant à un rapport administratif, un papier pour justifier *a posteriori* les moyens accordés. Écrire pour soi ou pour l'équipe n'a rien à voir avec écrire pour un public externe : on reste dans l'implicite d'un contexte, d'une situation, d'expériences connues de tous : on « se » comprend entre soi ! Pour un regard extérieur, on est dans l'allusif, la connivence, il manque beaucoup d'informations pour comprendre le vécu d'autrui ; sans compter la forme pas toujours compréhensible. Et c'est tout un travail, souvent douloureux, de rendre lisible pour d'autres une écriture faite pour soi ou « pour nous ». À moins d'écrire directement pour l'institution, mais alors sans s'impliquer, si ce n'est stratégiquement. L'accompagnateur à l'écriture doit clarifier cette situation : écrire pour soi (individu), pour nous (l'équipe), pour l'institution (obligation contractuelle) ou pour des collègues (public extérieur à l'établissement).

Son problème est de tenter d'articuler une injonction institutionnelle incontournable (pour laquelle il est rémunéré), avec une démarche réellement formative, en évitant les dérives : comment faire pour que les activités d'écriture qu'il accompagne soient à la fois formatives pour l'équipe et utiles à l'institution et à d'autres acteurs ? Écrire sur sa propre pratique, pour soi, c'est déjà être confronté à la double difficulté d'analyser sa pratique, parce qu'on est au quotidien sans distance, le nez sur le guidon, pris dans l'urgence de l'action ; et d'écrire cette analyse en respectant la cohérence et la cohésion qu'exige la mise en texte de la pensée, passage obligé de tout processus rédactionnel.

L'accompagnateur doit donc aider le groupe à saisir l'intérêt d'analyser sa propre pratique et de l'analyser, entre autres, par la médiation de l'écriture : double travail de motivation. Aider aussi à surmonter la difficulté d'une écriture collective, car l'écriture est d'abord un processus individuel. Écrire collectivement demande du temps, soit parce qu'il faut négocier une textualisation qui fasse consensus à la fois sur le fond et la forme, soit parce que l'on se répartit le travail, ce qui demande de discuter un plan, des échéances, des relectures réciproques pour améliorer le produit… S'il est réussi, ce processus peut encore plus souder l'équipe. Mais l'aide est ici précieuse, car il peut y avoir des blocages rédactionnels ou interpersonnels, des retards dans le calendrier, etc.

C'est enracinée dans un type de démarche formative que peut naître une autre motivation : faire partager son expérience, écrire pour d'autres, des collègues. Ce qui va de soi pour des militants de mouvements pédagogiques qui cherchent à transformer l'école[11] ne l'est pas pour ceux, plus nombreux, qui

11. « Changer la société pour changer l'école, changer l'école pour changer la société » est par exemple la devise du Crap-Cahiers pédagogiques. (Crap : Cercle de recherche d'action pédagogique).

peuvent se trouver au chaud dans leur groupe, sans avoir forcément envie d'en parler à d'autres, et que l'on a repérés sans qu'ils se targuent forcément de leur action. Surtout quand l'innovation dérange (et qu'est-ce qu'une innovation qui ne dérange personne ?), et « se faire mousser » peut entraîner des jalousies locales, « nul n'est prophète en son pays » !

Les formes de communication doivent donc être réfléchies. Le conseiller en formation peut faire des propositions à l'institution, toujours très soucieuse de bilans-papier pour justifier son rôle et la dépense des deniers publics, en quantifiant ses propres rapports, pour que les contrats laissent une place à des formes d'écriture qui permettent à l'équipe de s'impliquer et touchent vraiment les collègues. Notre expérience de plus de quinze ans au comité de rédaction des *Cahiers pédagogiques* nous montre que si l'objectif est, par l'information, de motiver des gens à se lancer dans l'innovation, c'est moins par des fiches de type administratif, contre-productives, que l'on y parvient, que par du récit d'expériences, avec du « je » et du « nous », de la chair, des rires et des larmes, des anecdotes significatives qui font réfléchir. C'est ce que j'appelle un témoignage réflexif où un individu ou/et une équipe raconte de façon contextualisée son histoire d'innovateur, en explicitant les tenants et les aboutissants de ce qui a fait sens dans cette expérience, avec ses hauts et ses bas, de façon à ce que le lecteur n'ait pas devant lui un Zorro de l'innovation, avec un projet idéal, une action exemplaire, des résultats sans discussion, mais quelqu'un à qui il peut s'identifier, qui a osé tenter quelque chose, avec toutes les imperfections de l'humain. Non pas de l'innovation prête à diffuser, mais du témoignage plus que du modèle[12].

Conseiller en innovation : quelle professionnalité ?

Par le mandat donné par l'institution (repérer, contractualiser, accompagner...), par les référents théoriques et les types de pratiques formatives convoquées (l'innovation, l'accompagnement, la méthodologie du projet, la dynamique des groupes, le contrat, l'évaluation, l'analyse des pratiques, l'écriture sur ses pratiques, l'analyse institutionnelle, la sociologie des organisations etc.), le conseiller en innovation, qui exerce une fonction émergente dans le champ de la formation, doit se professionnaliser, en particulier dans son rôle d'accompagnement.

Ce rôle implique des compétences à repérer et travailler, savoirs et savoir-faire bien sûr, mais tout autant savoir-être, car l'accompagnement est d'abord une attitude où toute technique sans conscience ne serait que « ruine de l'âme ». Ne pas être dans une posture de jugement de valeur, surtout injonctive ou normative, qui mettrait dans une position de « sur-moi » par rapport à l'équipe est nécessaire, mais ce n'est pas évident, quand on est mandaté par une institution pour faire respecter un contrat et que l'on a ses propres options pédagogiques et éducatives. Il s'agit

12. Voir par exemple la brochure, *La règle, il faudrait peut-être qu'on m'explique*, CRDP de Créteil, 1999.

d'aider à la clarification prospective par rapport au projet, à la décision autonome. Cela suppose d'adopter constamment une attitude d'analyse, concernant sa propre pratique d'accompagnateur et vis-à-vis du groupe pour que celui-ci analyse en particulier les difficultés, qu'elles soient d'ordre psychologique, psychosociologique, organisationnel, institutionnel, partenarial, pédagogique, voire didactique.

C'est un débat de savoir si, comme son nom l'indique, et dans quelle mesure, le « conseiller » en innovation doit conseiller, quelle conception il se fait du conseil par rapport à l'objectif d'autonomie de l'équipe, quel doit être son degré de discrétion et de modestie pour ne pas se substituer à la volonté des acteurs, parce qu'il est d'abord au service du groupe et du projet du groupe... Comment négocie-t-il sa double loyauté par rapport à l'équipe et à l'institution ? L'accompagnement est déontologiquement dans un cadre institutionnel, mais il implique une attitude éthique vis-à-vis des personnes et d'un groupe. On le voit, qu'il s'agisse de problèmes techniques ou éthiques, le conseiller en innovation est un médiateur, un articulateur de registres et de niveaux, de tensions, voire de contradictions, bref un être de complexité.

Première partie

CONFÉRENCES

L'accompagnement, une nouvelle donne éducative

Monique Lafont, responsable de la mission formateurs, service pédagogie et formation, Unapec[13]*, Paris*

Ces vingt dernières années dans de nombreux milieux, que ce soit celui du travail social, du champ juridique, des secteurs médicaux ou sportifs, du monde de l'entreprise, de l'éducation[14], en formation initiale ou en formation continue, on parle de plus en plus d'accompagner là où il était question auparavant de former, d'éduquer, de guider ou de conseiller. La disparition des repères sociaux et culturels traditionnels, l'affaiblissement des institutions porteuses comme la famille, l'école ou la religion renvoient le sujet à prendre en compte sa propre histoire, à choisir et à se déterminer dans la façon dont il entend se projeter dans l'avenir. Il est fait appel de plus en plus à la capacité de la personne à se déterminer par elle-même, à faire confiance à sa raison et à son intuition pour construire son système de valeurs et s'intégrer socialement.

L'introduction de la problématique du projet d'établissement et du projet personnel de formation a eu pour conséquence la prise en compte de l'histoire du sujet, non seulement dans sa projection dans l'avenir, mais au sein de l'acte de formation. La nouvelle problématique à laquelle les enseignants, les formateurs, les éducateurs, les chercheurs sont confrontés aujourd'hui est de rechercher les modalités d'articulation entre les temps courts, ceux de la classe, des programmes, des stages et les temps longs qui sont ceux du développement. Réussir cette articulation est aujourd'hui un défi qui leur est posé. L'échec de l'orientation scolaire et professionnelle est souvent dû à l'incapacité des individus à mettre en place des conduites de gestion du temps qui articulent l'organisation du futur et la restructuration du passé. La plupart des sujets en difficulté ne peuvent, de ce fait, accéder à un minimum d'autonomie et de cohérence. Ils vivent soit en dépendance vis-à-vis de leur passé, soit en référence à un futur sur lequel ils ne peuvent imaginer avoir une quelconque influence.

Les accompagner, c'est leur permettre d'imaginer un devenir d'eux-mêmes, corollairement un devenir d'autrui et, comme le propose Jeanne Moll[15], d'avancer solidairement sur le chemin d'une plus fine compréhension de l'humain sans cesser de se cogner à leurs propres limites. L'accompagnement s'inscrit dans un cadre méthodologique et technique

---

13. Unapec : Union nationale pour la promotion pédagogique et professionnelle dans l'enseignement catholique.

14. Voir *BO* n° 32 du 6 septembre 2001, Accompagnement de l'entrée dans le métier et formation continue des enseignants des 1er et 2nd degrés et des personnels d'éducation.

15. Voir Moll J., « Accompagner, une idée neuve en éducation », *Cahiers pédagogiques*, avril 2001, n° 393.

hérité des sciences humaines, notamment de la psychanalyse et de la psychologie clinique. Nous devons à Carl Rogers [16], à la fin des années 60, d'avoir mis l'accent sur la conviction anthropologique que tout homme possède les ressources nécessaires pour se développer, le rôle du thérapeute et de l'éducateur étant de l'écouter de manière empathique afin de l'aider dans un climat d'acceptation inconditionnelle à élucider ses désirs par des reformulations.

L'accompagnement comme changement de paradigme

En réponse aux évolutions parfois brutales du système éducatif, l'accompagnement apparaît en rupture avec les pratiques traditionnelles de l'enseignant et du formateur. Le modèle couramment admis est celui de la classe ou du stage animé par un enseignant ou un formateur qui abandonne la scène après une ou plusieurs séances, laissant parfois le public dans l'incapacité de construire des réponses à ses questions.

En quoi ces modèles mis en œuvre dans la formation initiale et continue diffèrent-ils de ceux spécifiques aux dispositifs d'accompagnement ? La plupart des dispositifs de formation initiale ou continue se réfèrent à trois grands modèles [17] :

– le modèle des acquisitions : pour se former, il faut acquérir des savoirs, des savoir-faire et des savoir-être ;

– le modèle de la démarche : pour se former, il faut diversifier les expériences professionnelles, aborder le plus grand nombre possible de situations de travail ;

– le modèle de l'analyse : pour se former, il faut accepter de prendre du recul, analyser sa pratique, l'écrire et apprendre à la parler, devenir un praticien réflexif, travailler sur son propre positionnement en situation professionnelle.

Ainsi, l'expérience professionnelle (dans le cadre de la formation continue) ou les représentations du métier (dans le cadre de la formation initiale) sont-elles « labourées », remaniées en profondeur, par trois types de médiations issues de ces trois modèles : celle des savoirs (savoir-faire et savoir-être), celle des tiers (confrontation à l'altérité, travail d'équipe), celle de l'écriture et du parler sur sa pratique.

Pour qu'il soit pertinent, ce modèle traditionnel de formation doit fonctionner dans la durée et dans l'alternance des stages et des retours sur le terrain. L'hypothèse est qu'il facilite la professionnalisation des personnes : « Se donner ou redonner des objectifs professionnels en fonction d'une éthique [18]. » Ce type de formation vise à construire des « boîtes à outils » de professionnels mais aussi à créer le sentiment d'appartenance

16. Rogers C., *Le Développement de la personne*, Paris, Dunod, 1967.

17. Voir Ferry G., *Les Trajets de la formation*, Paris, Dunod, 1987.

18. Voir Perrenoud P., *Dix compétences pour le métier d'enseignant*, Paris, ESF, 2000.

à une institution. Dans ces dispositifs de formation, il est relativement aisé de mettre en place en amont quatre niveaux d'évaluation assez facilement repérables, même si le niveau trois (transfert des acquis de formation dans les pratiques) et le niveau quatre (changements institutionnels induits par la formation) semblent plus difficilement observables.

Ce type de formation a des limites car le démarrage (formation initiale) ou le retour (formation continue) sur le terrain sont souvent difficiles voire chaotiques. L'enseignant aux prises avec la réalité de la classe et le formateur avec celle des stagiaires se retrouvent démunis et isolés, incapables parfois de pratiquer ce qu'ils ont construit en stage. L'accompagnement intervient alors pour combler ces interstices, ces béances qui rendent souvent inefficaces les plus brillantes prestations d'enseignement ou de formation. Cette pratique convient à la prise en compte de la complexité des projets pédagogiques ou de formations : projets d'établissements, projets de cycles, projets pluridisciplinaires au collège et au lycée, projet personnel de l'élève, projet professionnel de l'enseignant, du formateur ou du chef d'établissement ou de tout acteur en formation.

Il semble que l'accompagnement intervienne dans ce qu'on pourrait appeler une étape de maturité de l'histoire de la formation. Après avoir contribué, et cela fortement à partir des années 80-90 (naissance des Mafpen puis des IUFM), à construire des « boîtes à outils » performantes susceptibles de réaliser les bons gestes professionnels, les modèles traditionnels de formation doivent faire place à de nouveaux dispositifs capables d'aider à construire l'intelligence des situations éducatives, à les analyser finement pour pouvoir y corréler le bon outil, la bonne méthode. Les médiations utilisées dans le cadre de l'accompagnement sont différentes de celles qui sont à l'œuvre dans les systèmes traditionnels : ce sont principalement l'écoute (au sens rogérien[19], empathique, bienveillante, congruente), l'approche systémique et l'analyse des pratiques. Ces médiations visent à aider la personne ou l'équipe à clarifier une situation professionnelle complexe voire confuse, à aider à élaborer des propositions, à trouver des solutions adéquates et à être accompagnée dans la prise de décision.

Ainsi, l'accompagnement apparaît-il comme le lieu privilégié de la construction des compétences. En permettant au sujet de comprendre et de mieux maîtriser sa situation professionnelle et ses résistances au changement, d'y appliquer les bons outils, l'accompagnateur favorise la montée en puissance des compétences individuelles et collectives dans une institution ou dans une organisation.

Quelles sont les compétences requises de l'accompagnateur ?

En premier lieu, il lui est demandé de savoir se taire et d'écouter. Cette aptitude à passer de la bouche à l'oreille constitue l'une des premières qualités de l'accompagnateur. Exigence d'extériorité, mais aussi d'engagement dans la durée vis-à-vis d'une personne ou d'une équipe. À cette

19. Rogers C., *Liberté pour apprendre ?*, Paris, Dunod, 1972.

permanence, à cette éthique de l'accompagnateur s'ajoutent des compétences en analyse systémique et en analyse de pratiques.

En référence à l'opposition, mais aussi à la complétude entre la pensée chinoise et la pensée occidentale, telles que les définit le philosophe François Jullien[20], nous pouvons penser que le modèle formation/intervention appartient à une pensée occidentale pétrie de philosophie grecque qui cherche à approcher au plus près la vérité, ses catégories qui fondent notre perception du monde : l'être, la raison, le couple théorie/pratique, l'élaboration de procédures. À l'opposé l'accompagnement, qui se rapprocherait de la pensée chinoise, analyse le réel comme un processus en cours qui se régule par le jeu de facteurs opposés et complémentaires, le *yin* et le *yang*, qui privilégie l'intuition, l'expression allusive et préfère tirer parti du potentiel de la situation plutôt que de modéliser le monde. L'accompagnement donne ainsi l'occasion de sortir du cadre, de déranger, de décaler la pensée, de penser du dehors, de remettre les idées en mouvement.

Une autre des compétences de l'accompagnateur est de savoir passer d'une pensée de l'être à une pensée du processus. Pensée du non-agir qui n'est pas passivité, pensée de l'« à-propos » comme le dit Montaigne. Le « bon accompagnateur » intervient au bon moment, au point qu'alors il n'a quasiment pas à intervenir. Dans le modèle formation/intervention, le rapport au monde et aux personnes est perceptif : l'œil y est fondamental et la raison structure la perception jusqu'au jugement. Il est question d'agir, de contraindre la réalité en fonction d'un projet ou d'un désir, en quelque sorte de forcer les choses. À l'opposé, l'accompagnement vise à tirer parti des processus et des facteurs porteurs qu'ils contiennent, à se mettre en phase, à exploiter le potentiel de la situation, à agir par imprégnation, contamination, à se greffer sur la régulation des choses.

L'accompagnement appartiendrait plutôt à la pensée de la respiration (entrée, sortie), alternance de vide et de plein qui conçoit le monde comme un dispositif dynamique. Opportuniste à bon escient et non dogmatique, l'accompagnateur doit apprendre à penser sans prendre position. Le problème reste d'envisager les limites de son expertise car, il ne peut traiter à fond de toutes choses mais doit en connaître assez pour être crédible. Excellent écoutant, méthodologue, expert dans plusieurs domaines, ce qui lui évite de « surfer » ou de « zapper » sur les situations, l'accompagnateur ne peut être un formateur novice...

La nature de l'accompagnement entraîne aussi des changements de représentations dans le domaine de la conception de la formation et dans celui de l'exercice de la responsabilité. L'accompagnement permet probablement à l'accompagné, élève, enseignant, formateur, de franchir le pas d'une logique de projet individuel à une logique de formation en équipe. Le chef d'établissement est appelé à penser la formation sur le long terme, en plan pluriannuel relié au projet d'établissement. Ce dernier devient lieu de vie. La substitution d'une logique d'organisation mécaniste à une logique de « respiration biologique », favorise l'installation

20. Voir François Jullien, philosophe et sinologue, professeur à l'université Paris-VI, auteur de nombreux ouvrages sur la pensée chinoise, participe à la fondation de l'Institut de la pensée contemporaine, pôle d'excellence pour les recherches interdisciplinaires et interculturelles.

de structures qui permettent la relation : heure de vie de classe, contrat de vie lycéenne, groupes de paroles pour les enseignants...

Ainsi, l'accompagnement interroge-t-il toutes les anciennes façons de penser la formation et les modes d'organisation du système. Il favorise une transformation structurelle sans pour autant la maîtriser à lui seul. L'accompagnement fait naître un nouveau paradigme où sont pris en compte la temporalité, la relation (plutôt que le rapport) à autrui, l'intersubjectivité, le transfert et l'implication, la mémoire affective vécue. Cette démarche suppose aussi un positionnement éthique, une réciprocité entre des partenaires reconnus comme « autres » et témoignant, entre eux, d'une altérité qui s'oppose à la volonté de toute-puissance. L'accompagnement s'intéresse aussi bien à des cas qu'à de grands ensembles et permet d'approcher la notion de terrain clinique. Il est intelligence de la particularité et de la singularité.

Pourtant dans la mesure où il répond à une demande, subsiste toujours une ambiguïté quant au statut de l'accompagnateur. Aussi, tantôt celui-ci jouit-il d'une plus grande autorité et compétence, tantôt ceux qui accompagnent apparaissent-ils comme des disciples et des suiveurs. Jacques Ardoino[21] fait remarquer que les questions de pouvoir et d'autorité ne peuvent donc être totalement évacuées de ce type de relation.

On peut souligner enfin que l'accompagnement interpelle le projet global d'éducation en remettant en cause la hiérarchisation immuable fondée sur la détention du savoir[22]. Parce qu'il cherche le développement des capacités critiques pour le plus grand nombre en reliant chacun à l'universel et au particulier, il constitue probablement un instrument novateur de lutte contre l'inégalité sociale.

Pourquoi et comment accompagner les innovations ?

L'innovation comme « destruction créatrice »

Un sage oriental demandait toujours dans ses prières que la divinité voulût bien lui épargner de vivre dans une époque intéressante. En écho dans sa « Conférence d'Athènes », Albert Camus affirme que notre époque est intéressante mais tragique : « L'âge tragique, dit-il, semble coïncider chaque fois avec une évolution où l'homme, consciemment ou non, se détache d'une forme ancienne de civilisation et se trouve devant elle en état de rupture sans pour autant avoir trouvé une nouvelle forme qui le satisfasse. » Notre époque semble propice à l'innovation. Ce concept, omniprésent dans notre vie, est en général conçu comme une bonne chose car associé à l'idée de progrès, de vie et de créativité. Difficile d'être contre.

21. Ardoino J., « De l'accompagnement en tant que paradigme », *Pratiques de formation*, novembre 2000, n° 40.

22. Rebinguet M., *L'Accompagnement des professeurs débutants*, Lyon, Voies Livres, avril 2000, coll. « Se Former ».

Mais l'innovation peut être aussi négative, porteuse de crise, de tension, quand elle n'est pas utilisée de façon péjorative pour désigner une mode, un outil éphémère à l'usage de technocrates cherchant à justifier leur raison d'être. L'innovation dans les organisations repose à la fois sur le développement simultané de forces de destruction et de création[23]. Elle remet en cause, défait des routines, des positions acquises pour laisser place à de nouveaux acteurs et à de nouveaux savoir-faire[24]. Elle n'est pas un moment, un accident, une activité spéciale qui mobilise occasionnellement chercheurs et formateurs. Elle est un mouvement permanent qui les mobilise et qui s'inscrit dans le registre de la créativité. Ce n'est pas un changement au sens du passage d'un état stable à un autre mais plutôt une trajectoire dans laquelle cohabitent la force des croyances, la recherche du sens, une incitation simultanée à la mobilisation et au désengagement des acteurs. Sa nature même en tant qu'activité collective, son incapacité à se donner des règles stables, sa résistance aux tentatives de rationalisation et d'organisation, en font spécifiquement un objet d'accompagnement et probablement pas de formation au sens traditionnel du terme.

Six principes pour fonder l'innovation

Partant d'observations de terrain, un groupe de travail formé de responsables nationaux d'organismes de formation et d'universitaires a repéré six principes susceptibles de fonder l'innovation.

• L'innovation s'inscrit en continuité et rupture dans l'évolution du système éducatif.

Au-delà de leur diversité et incohérence apparente, l'ensemble des dispositifs publiés dans les instructions officielles depuis plusieurs décennies pour l'école, le collège et le lycée peuvent s'inscrivent dans quatre grands courants fondamentaux :

– celui du décloisonnement des disciplines, du mouvement interdisciplinaire qui vise à donner plus de sens aux apprentissages ;

– celui de la volonté « d'apprendre à apprendre » aux élèves, fondé sur le développement de méthodes, de dispositifs et d'outils, destinés à favoriser les apprentissages ;

– celui de la prise en compte de la personne de l'élève, individuelle (projet personnel et professionnel de l'élève) et collective (éducation à la citoyenneté et insertion sociale) ;

– celui du développement de l'autonomie des acteurs et des organisations (projet d'établissement) et celui de la professionnalisation des acteurs (organisation de la formation initiale, développement de la formation continue, définition des compétences de métier).

• L'innovation s'inscrit à la rencontre d'une volonté institutionnelle et d'une initiative de terrain.

---

23. Norbert Alter citant l'économiste Schumpeter dans *L'Innovation ordinaire*, Paris, Puf, 2000.

24. Les propositions qui suivent font référence à un travail de repérage des innovations régionales et nationales conduit ces dernières années dans le cadre du réseau Arpec/Unapec.

Lorsque les structures anciennes ne sont plus adaptées, les décideurs institutionnels prennent l'initiative d'introduire des changements sans parfois se soucier de les ancrer suffisamment dans les pratiques existantes. On sait, de surcroît, l'essoufflement d'équipes de terrain parties pour innover sans se munir de références et d'appuis institutionnels suffisamment solides pour se faire reconnaître et construire le socle nécessaire au bouturage de ces nouvelles pratiques. L'accompagnateur aide à construire le lien entre institution et terrain ainsi que la légitimité des nouvelles pratiques.

• L'innovation travaille dans la durée et sur les changements de représentations.

L'erreur des décideurs est peut-être de ne pas prendre en compte l'existant, la culture et la mémoire du milieu où doit s'effectuer le changement. « Car le passé pèse d'autant plus sur la liberté qu'il est méconnu et mal assimilé par l'individu et c'est souvent en connaissant bien la tradition qu'il devient possible d'innover réellement. » L'innovation peut se référer à l'apprentissage au sens de Jean Piaget. Une phase d'assimilation au cours de laquelle les éléments nouveaux sont analysés précède une phase d'accommodation dans laquelle les structures anciennes bougent, se modifient, font place aux éléments étrangers. Cela nécessite de l'accompagnateur qu'il travaille avec les personnes et les équipes sur la congruence, qu'il prenne en compte l'histoire qui fonde l'organisation à laquelle ils appartiennent, qu'il maîtrise aussi le principe d'homéostasie.

• L'innovation est souvent impulsée par un petit groupe susceptible d'entraîner l'ensemble.

Tout le monde ne peut pas être innovant en même temps sous peine de bloquer le système. Deuil nécessaire pour l'accompagnateur et les responsables institutionnels. Défi pour l'accompagnateur de générer suffisamment d'énergie pour mettre en tension positive l'écartèlement entre les réflexes sécuritaires des uns et les visées prospectives des autres.

• L'innovation suppose d'être accompagnée et valorisée par un regard extérieur.

Nul ne peut s'autoproclamer innovant. Dimension sociale de l'innovation qui explique et justifie la création récente des conseils et des observatoires de l'innovation. Sont utiles à l'accompagnateur dans ce domaine, toutes les clés relatives aux lois de la motivation.

• L'innovation crée un nouveau langage, grâce à une syntaxe nouvelle qui permet d'agencer différemment des éléments déjà existants.

Ce nouveau langage redonne du sens aux actions éducatives. Le surgissement des cycles, des études dirigées, des modules, des parcours diversifiés, des travaux croisés, des itinéraires de découverte, des TPE, et autres PPCP, totalement pertinent dans la forme, semble bien incohérent à beaucoup de praticiens. Pourtant, chacun des éléments rentrant en compte dans ces dispositifs fait partie de la pratique professionnelle de tout enseignant et formateur d'un peu d'expérience : travail en équipe, pédagogie de projet, interdisciplinarité, travail autonome de l'élève, prise en compte de la dimension affective dans les apprentissages… Cette même analyse vaut pour des dispositifs de formation plus complexes : classes relais pour les décrocheurs ou groupes de soutien au soutien pour des enseignants en souffrance.

On peut ajouter que le lieu privilégié de l'accompagnement de l'innovation est devenu l'établissement scolaire. Si dans les années 60-70, « années de réforme au sommet », l'innovation était le monopole de l'État et ne pouvait être qu'institutionnelle, à partir des années 80, c'est l'établissement scolaire qui en devient l'unité maîtresse. Il apparaît comme un relais de dimension convenable entre l'initiative individuelle, trop particulière et le système éducatif trop vaste pour être directement appréhendé. C'est à lui qu'il appartient, parce qu'au plus près du terrain, de chercher à résoudre les problèmes qui se posent. Désormais la gestion de l'hétérogénéité des élèves, de l'instabilité des équipes, des tensions et contradictions suscitées par les évolutions nécessaires, ne seront plus gérées au niveau central, mais régulées par une politique d'innovations locales[25].

Faut-il encore parler de nouveau métier d'enseignant, ou bien plutôt en reprendre inlassablement les invariants à travers quatre grandes mutations à accompagner, ce rôle devant être assuré en priorité par le chef d'établissement :

– assurer le passage de l'individu à la personne engagée dans une institution ;

– assurer le passage du savoir à la transmission ;

– accompagner la confrontation à des univers socioculturels spécifiques ;

– assurer la dimension éducative du métier.

Quelle stratégie pour l'horloger ?

C'est donc de la nature de son accompagnement que dépendra la réussite de l'innovation. Au contrôle technocratique, on préfèrera plutôt l'intervention du maître horloger. Les grandes réformes sont probablement contre-productives, elles balaient ce qui marche bien en même temps que ce qui marche mal ! Le système éducatif est comme une horloge et le maître des horloges ne peut pas tout bouleverser, il doit surveiller les mécanismes et réparer celui qui marche de travers. C'est par des coups de pouce, des inflexions légères, des expérimentations, bref par une politique du « petit pas de côté » que l'on parviendra peut-être le mieux à améliorer le système éducatif.

25. Pour ce qui est de l'établissement scolaire, lieu d'innovation, tous les travaux de Françoise Cros et de Monica Gather Turler.

Le concept d'innovation dans le système éducatif

Guy Berger, professeur émérite, université de Paris-VIII

Parler d'innovation, c'est aussi parler de soi. En un certain sens, la question de l'innovation est liée à l'engagement de la personne, dans la mesure où elle est menaçante pour l'innovateur lui-même, d'autant que, pour se protéger des effets, on ne peut plus mettre en avant le « système ». On pourrait croire que l'éducation est un processus qui, par nature, se constitue autour d'un changement permanent qui serait porté par les élèves eux-mêmes. En effet, ces jeunes représentent des générations qui se succèdent et parce qu'ils sont en prise directe avec tous les changements sociaux et technologiques, ils sont presque « agis » par ces changements. Ils sont aussi porteurs de matière brute : celles de la consommation, des usages, des technologies, de McDonald's, de l'immigration, du *jean*, des nouvelles formes de langages et d'associations, et je mélange volontairement tous ces termes. On aurait pu croire que l'éducation, et plus précisément l'école, disposerait d'une fantastique potentialité d'imagination, d'une sorte de sensibilité à tout ce qu'il y a de bien, qu'elle serait le lieu d'effervescence par excellence. Mais l'on sait que le rôle des structures et des institutions est d'homogénéiser et de contenir les flux. En effet, si l'effervescence l'emportait, on ne saurait plus, ni quoi faire, ni où aller, ni comment. Il faut donc faire du stable, tant au niveau des usages que des valeurs et des savoirs. C'est ainsi qu'est apparue l'idée de projet qui a fonction de stabilisation, de compensation et qui permet de domestiquer l'avenir en faisant l'objet de nos intentionnalités et de nos prévisions.

Cependant, si l'école a pour fonction de tourner le dos à l'effervescence, l'innovation est-t-elle une illusion ou une ruse de la raison ? Une ruse de l'institution pour mieux conserver ? Et même si cette innovation est une réalité, de quel côté cette innovation s'oriente-t-elle ? Est-elle pensée en termes de progrès, d'efficacité croissante et d'universalisation de modèles, même en faisant appel à la compétition, à la violence ? Est-ce à dire que le progrès et l'universalisme se trouvent au cœur du changement ? Ou bien l'innovation est-t-elle de l'ordre de la surprise, de la fantaisie, de l'imaginaire, de l'invention radicale et de la création ? Ces questions ré-interrogent l'école sur la possibilité et la sincérité de l'évaluation mais interrogent aussi l'innovation pour savoir si elle est du côté de l'accroissement, du développement, de l'amélioration, d'une plus grande efficacité ou du côté de l'imaginaire. Ces questions seront en filigrane de ce que je vais essayer de dire.

La réflexion sur l'innovation est au cœur d'analyses récurrentes depuis plus de cinquante ans, par exemple, lors du colloque d'Amiens en mars 68, qui annonce de façon prémonitoire l'explosion de mai 68 : « Si l'on n'innove pas, ça saute ! » Étrange phrase d'Alain Geismar [26] qui paradoxalement valorise l'innovation et lui donne une curieuse fonction d'alibi. Je cite ce colloque car il précède l'émergence en France d'un modèle libéral en opposition à un modèle étatique, symbolisé par l'opposition Giscard d'Estaing-gaullisme, qui va répéter constamment l'importance de l'innovation. C'est un thème récurrent, dont je voudrais illustrer les cinq points suivants qui me semblent importants.

– La contextualisation de l'innovation : dans quels champs apparaît-elle ? Économique ? Pratique ? Idéologique ?

– Quelques questions de définition.

– Les changements dans notre conception de l'action liée à l'innovation.

– L'accompagnement.

– Et enfin, « l'après-innovation » : que fait-on de l'innovation quand elle est faite ? Qu'y a-t-il après ?

La contextualisation

L'innovation n'est pas spécifique de l'éducation, elle est présente dans tous les univers technologiques, c'est une manière d'être nouvelle. Elle apparaît surtout dans le monde industriel, comme le montre la revue *Éducation et Formations*[27] dont le thème « Recherche et innovation » se consacre au développement industriel.

Schumpeter[28] a essayé de théoriser l'innovation. Dans les années 30-40, il développe une théorie s'opposant à la thèse consistant à dire que le progrès économique est lié à l'accumulation du capital. Schumpeter précise que ce n'est pas tout travail humain qui est producteur de valeurs, mais que ce sont uniquement les formes de travail humain liées aux acteurs particuliers que sont les entrepreneurs, acteurs innovants capables de proposer de nouvelles modalités d'action, sous la forme de nouveaux produits ou de nouveaux modes d'organisation, ou encore capables de s'adresser à d'autres populations. Si on greffe l'innovation sur l'économie, on voit apparaître d'autres idées.

La première idée est que les actions sont des entreprises collectives qui mettent en jeu des groupes qui s'inscrivent à la fois dans des traditions et en même temps proposent de nouveaux modèles. La seconde idée est la place de certains acteurs spécifiques, les entrepreneurs. Dans la revue *Innovation et École*, Gabriel Cohn-Bendit dit qu'il n'aime pas le terme d'innovation mais préfère celui d'« initiatives ». Une autre idée est que l'innovation renvoie à de nouveaux objets théoriques, de nouvelles formes d'organisation (projet, équipe), mais aussi à la capacité à s'adresser à des groupes sociaux, à d'autres cultures et à d'autres peuples.

26. Alain Geismar était en mai 1968 dirigeant du Snesup.

27. *Éducation et Formations*, département des programmes et du développement, avril 2001.

28. Schumpeter J. A., *Capitalisme, socialisme et démocratie*, Paris, Petite bibliothèque Payot, 1942.

La référence à Schumpeter n'a pas pour objet de réduire le poids de l'innovation, mais de montrer que l'innovation est située dans un mouvement social qui n'est pas seulement lié à l'école mais qui est celui de la société toute entière. Il y a une étonnante concomitance entre l'apparition dans l'univers scolaire de la thématique de l'innovation et l'évolution de l'organisation du travail car, jusqu'alors, il existait un étonnant isomorphisme entre le modèle de la chaîne taylorienne et le modèle du nécessaire déroulement rigoureux des programmes et du cursus scolaire indépendant des acteurs. Pour pousser la comparaison plus loin, il y a même l'évaluateur extérieur au travail (le professeur, le contremaître en bout de chaîne) dans un espace où la place de chacun est fixée et limitée. Le « prof » de maths visse de 8 h à 9 h l'écrou de la classe de 6e, puis celui de la classe de 5e, sans empiéter. Rappelons-nous, dans *Les Temps modernes*, les catastrophes provoquées par Charlot lorsqu'il n'est plus à sa place. Le professeur qui ne s'arrête pas à l'heure prévue est ainsi vilipendé par ses collègues parce qu'il empiète sur le temps des autres et par ses élèves qui veulent partir, etc. La chaîne de l'organisation scolaire ne fonctionne alors plus. Dans l'industrie actuelle, on a vu apparaître de nouveaux modèles d'organisation du travail (par exemple chez Volvo, le travail par équipes, le travail signé) qui introduisent l'idée que chacun a le droit de « loucher » sur le travail du voisin, comme le « prof » de lettres peut le faire envers le « prof » de maths. On peut montrer que l'innovation devient un travail collectif où les individus émergent, c'est le collectif nouveau de l'entreprise ou de l'école qui rend possible et nécessaire l'individu entreprenant.

De même, l'idée de l'importance de la mobilisation de chacun dans une responsabilité directe, symbolisée par l'évaluation formative, c'est-à-dire la nécessité pour l'enseignant de vérifier que le travail effectué correspond bien à ce qui été demandé par l'enseignant, figure également dans le travail industriel. La notion de responsabilisation, symbolisée par « des productions signées » apparaît aussi à l'école et sert une transformation des modalités générales des modes d'existence.

Il y a également une liaison étroite entre le phénomène de l'innovation et le phénomène culturel ou socioculturel de la montée de l'individualisme, avec une substitution de modes de liens sociaux fondés soit sur des communautés, soit sur des sociétés, où apparaît le lien de l'association volontaire du groupe qui se constitue lui-même, lien intentionnel et non plus lien d'appartenance. Le modèle des mouvements pédagogiques, celui du réseau des établissements et des personnes, indépendamment de règles administratives, font partie de ce changement fonctionnel. Le modèle auquel on appartient n'est plus le parti classique mais celui auquel on adhère volontairement.

Une des fonctions de la recherche est de créer une incertitude, c'est-à-dire montrer du non-savoir là où l'on croyait savoir, dans ce cas, en général, l'ignorance augmente au fur et à mesure et ne se réduit pas. La problématique de l'innovation est très liée à d'autres problématiques qui s'y intriquent d'une façon indéracinable, mais pas exactement identiques. C'est le thème du « petit c'est beau » *(small is beautiful)*, celui du « centre et de la périphérie », avec l'idée que c'est à la marge que se créent les inventions. C'est l'idée qu'il y a des moments instituants, où l'on est producteur de normes, des normes au sens de la normalisation. C'est-à-dire qu'il y a conflit entre normatif et normalisation, ce qui soulève le problème suivant : « Je ne peux pas éduquer si je suis pas normatif et je trahis l'éducation si je suis normalisateur. » Tout ceci montre qu'à travers l'innovation se déroule toute une interrogation politique sur la notion d'autorité, aussi bien celle du savoir, celle de l'institution que celle de l'État. Si on centre la démarche sur l'innovation, *quid* de l'État ? On peut se demander s'il s'agit d'un dépérissement de l'État, d'un type différent de celui évoqué par Marx, dont l'innovation accompagnerait la mort.

À travers l'innovation, nous nous trouvons de fait devant l'apparition d'un certain nombre de logiques qui, pour accroître l'efficacité du système, transfèrent la responsabilité aux acteurs du système. Ceux-ci, exigeant de devenir acteurs, se précipitent dans ce qu'on leur offre mais introduisent également deux logiques : d'une part, la logique du marché (par exemple, l'entrée des parents, des usagers, les débats très forts sur l'abandon de la carte scolaire...) et d'autre part, la logique du *management* (pilotage au plus près où les acteurs eux-mêmes tirent parti des effets de leurs actions, déterminent l'évolution). Ces deux logiques s'expriment au niveau local. À travers l'innovation, ce sont bien les modèles du local, du *management* et finalement de la compétition qui deviennent possibles par la différenciation qui est en train de se constituer.

Des questions liées à la définition

Innover, c'est établir un nouvel équilibre

Étymologiquement, c'est introduire du nouveau, mais dans quoi ? Forcément dans de l'ancien (un vin nouveau dans les vieilles outres ?). C'est d'abord et très souvent une manière de s'ajuster à des changements externes qui mettent en danger notre propre équilibre de manière à en trouver un nouveau. Par rapport aux pratiques, l'utilisation de l'ordinateur ou de la télévision peut apparaître comme nouvelle, pourtant le système scolaire s'est emparé successivement de tous les outils de la communication dans les sociétés, de l'oral, du parchemin à l'imprimerie. Introduire l'ordinateur à l'école, c'était rétablir l'équilibre entre le système de transmission et d'éducation et les systèmes extérieurs, mais c'était aussi maintenir la capacité du système à utiliser et transmettre des outils. On pourrait montrer pour beaucoup d'innovations que c'est un changement d'équilibre.

Innover, c'est rendre plus efficace

Pendant très longtemps, l'innovation a été très liée à la question de l'accroissement de l'efficacité, en particulier aux moyens technologiques utilisés. Par exemple, quand on utilise un laboratoire de langues, ce n'est plus le même anglais qu'on utilise – et il ne serait pas question d'enseigner de cette façon la littérature –, c'est une langue effective, ainsi la recherche de l'efficacité est productrice de nouvelles finalités.

Innover, c'est entrer dans l'aventure

L'innovation est une démarche qui essaie de résoudre des problèmes existants en retrouvant les équilibres rompus, ou en produisant des transformations concernant des valeurs et des modes de vie qui dépassent les problèmes qu'elle voulait résoudre. Toutes les études que l'on peut faire sur l'Algérie montrent que l'instrument de contraception le plus efficace est l'achat d'une voiture individuelle. Il est évident qu'elle structure une certaine taille de la famille, qu'elle entraîne une certaine organisation des dépenses. Du coup, la taille de la famille est dépendante de quelque chose de totalement extérieur.

Avec l'innovation, on entre dans l'aventure. Paradoxalement, la thématique de l'innovation ne s'identifie pas totalement à celle du projet, l'innovation nous échappe, nous n'en avons pas la maîtrise. L'ajustement voulu par l'innovation crée une rupture, donc une contestation par rapport aux modes traditionnels d'ajustement antérieurs et cette rupture conduit à une aventure, à une série de transformations qui ne font l'objet, ni d'intentions, ni de prévisions, mais qui peuvent être plus importantes dans leur signification que les phénomènes qu'on a voulu modifier.

Les changements de conception de l'action liés à l'innovation

L'écologie nous apporte un modèle concernant la manière de penser. Au contraire du modèle éthologique, qui considère que le sens même de la connaissance, du progrès, est de nous rendre davantage maître et possesseur de ce qui nous entoure, le modèle écologique est une sorte de jeu avec le monde dans lequel on ne peut jamais savoir quels sont les effets à moyen et long termes des actions qu'on mène et c'est cette conservation des effets des transformations continues, qui devient la façon dont nous analysons notre rapport avec l'environnement.

C'est un changement de parti pris qui rompt l'unité créée entre science et technologie par toute l'histoire scientifique car, le modèle de la science expérimentale était fondé sur l'idée que ce qui rend le savoir valide, c'est de pouvoir produire une expérience à volonté, dans laquelle ce savoir sera confirmé. La réalisation technologique était la validation du savoir intellectuel. Ce qu'introduit le concept d'innovation par rapport au projet ou au plan, c'est vraiment un modèle paradigmatique : « Je dois agir en toute connaissance de cause, or, je ne sais pas mais dois être capable d'observer et de réguler et je ne peux le faire qu'en étant au plus près. »

L'accompagnement

Quels sont les usages du mot « accompagnement » ? On trouve une palette d'emplois très large, mais une unité de sens.

En musique, l'accompagnement est une partie accessoire instrumentale ou vocale qui complète un champ ou une mélodie en les mettant en valeur, soit par contraste, soit par soutien. Cela suppose un rapport harmonique entre l'accompagnant et celui qui l'accompagne, mais aussi un rapport hiérarchique où celui qu'on accompagne est le sujet, qui donne le rythme et la mélodie. Il n'y a pas de rapport d'égalité ou de soumission, mais cela suppose qu'il y ait un accord, une relation entre deux individus, un partenariat.

Dans le système éducatif, c'est une relation adaptée et personnalisée (opposée à des structures lourdes : classes et programmes), mais on ne parle d'accompagnement que pour les élèves en difficulté, les sujets fragiles. C'est un rôle ambigu, l'accompagnateur occupe une position de force, thérapeutique, il est le maître de l'action.

Dans le milieu sportif, on utilise le mot *coach* de plus en plus souvent, parfois un *coach* est entraîneur, parfois le *coach* est distinct de l'entraîneur... L'entraîneur est celui qui donne les gestes, les capacités. Le *coach* est celui qui voit dans l'instant, qui voit simultanément pendant la durée de la partie, qui doit intégrer des événements et s'adapter, il joue un rôle d'ajustement dans une instantanéité qui ne permet aucune prévision et qui s'approche de la direction d'acteur dans des situations qui ne sont jamais celles prévues. Cela renvoie au terme de maîtrise, c'est-à-dire, ajustement, adaptation, jeu avec l'événement.

Dans le domaine clinique, on ne parle jamais d'accompagnement à propos de soins, ce terme s'adresse à la souffrance, à l'angoisse. Il suppose que l'accompagnant s'inscrive dans une durée, une démarche globale et aussi toujours particulière, toujours liée à une casuistique, c'est-à-dire du travail sur une particularité qui à aucun moment ne peut être identifiée à une situation autre. Comment accompagner quelqu'un qui vit une situation difficile, unique et qu'il ne peut pas analyser ?

Dans le domaine juridique et social, le mot renvoie à la notion de tutorat. Dans un premier sens, la tutelle s'adresse à un incapable, à une personne sénile ou à une personne interdite et dans le domaine horticole, le tutorat désigne un morceau de bois qui empêche une plante de pousser tordue.

Que subsiste-t-il de toutes ces définitions ? C'est la temporalité longue d'événements survenants, face auxquels il n'est pas question de substituer de la simple prévision. Dans l'accompagnement, celui qui est sujet c'est l'accompagné. Je ne peux accompagner quelqu'un que si cette personne sait où elle va. L'accompagnateur peut exister comme personne mais il reconnaît à l'accompagné que c'est lui qui est le sujet de l'action.

Il y a dans l'accompagnement, forcément une relation d'intersubjectivité où deux sujets communiquent dans des positions différentes, où l'accompagnateur se met en jeu et accepte que l'accompagnant soit une altération mutuelle, où l'autre change en même temps que l'on tente de le changer. À travers cette idée, la dimension éthique de l'accompagnant est sous-jacente à toute dimension.

L'accompagnement est un ensemble de conduites (étayées par des savoirs, des pratiques) qui constituent une modalité de réalisations professionnelles où l'on accepte des altérations mutuelles. Il renvoie à une théorie du sujet mais aussi à une théorie de l'action. Je ferai cependant une remarque : l'innovation est individuelle au sens où il peut y avoir un entrepreneur mais en même temps, elle entraîne une action collective. Un des problèmes de l'innovation est celui de sa dévolution aux autres, aux arrivants, à ceux qui n'ont pas eu l'initiative du projet, mais aussi aux élèves. Je dois faire ici une parenthèse : en France, on a du mal à saisir le rôle de l'élève pour des raisons profondément sémantiques. Examinons en français le mot enseigner : on peut appendre aux élèves quelque chose (enseigner aux enfants, enseigner la grammaire), l'action de l'apprentissage n'est pas séparable de l'action « d'enseigner ». En anglais, les deux actions sont séparées : *to learn et to teach.* Quelle est la place de ceux pour qui nous prétendons innover ? Un abandon de pouvoir ? C'est-à-dire que « j'innove » jusqu'à ce que ce soient les élèves qui prennent ma place pour devenir eux-mêmes des innovants ? S'il n'y a pas cette dévolution, il n'y a pas d'innovation.

« L'après-innovation »

Que faire de l'innovation quand elle est faite ? Qu'y a-t-il après l'innovation ?

– L'écriture : l'innovation doit être écrite. L'écriture n'est pas un système de transmission, c'est un système de ré-élaboration, de rumination, de construction de sens qui fait partie d'un processus de ré-interrogation de l'innovation. Une innovation où je n'écris pas est une innovation au bout de laquelle je ne suis pas allé.

– L'échange d'expériences : qu'est-ce qu'on échange ? Les accompagnants soulignent l'importance d'aller se voir, poser des questions. Ce qui s'échange le mieux, ce sont des analyses de situations, ce qui n'invalide pas l'écrit.

– Le terme qui me paraît le plus dangereux est celui de « généralisation ». Ce qui caractérise l'innovation par rapport à toute modalité d'action, c'est qu'elle correspond à une situation dans laquelle le concepteur et le réalisateur sont dans une très grande proximité. Il n'y a d'innovation que lorsque le rapport pratique met en jeu chacun d'entre nous, celui qui fait comme celui qui vit les effets de cette action. Chaque fois que se trouve rompue cette proximité, on entre dans une autre démarche. En ce sens, si on ne renonce pas à l'idée qu'une innovation se généralise, on entre dans une démarche totalement différente qui ne contredit cependant pas complètement ce qui caractérise le mode d'action de l'innovation.

En conclusion, je dirai qu'il y a trois notions clés liées et contradictoires : les notions d'ajustement et d'adaptation, les notions de rupture et de contestation, la notion d'aventure. Il y a deux problèmes majeurs et difficiles. Comment fonctionner dans la maîtrise de la maîtrise, accepter de ne pas faire ce que je veux et en même temps accepter les effets qu'entraîne mon action de manière à structurer d'autres actions ? Comment accepter la dévolution, c'est-à-dire qu'à un moment donné, l'innovateur doit se retirer et accepter que ce qu'il veut faire ne peut apparaître que par le désir et la volonté de l'autre ? C'est une façon d'interroger les militants, rationalistes et volontaristes, si on n'accepte pas que l'autre déforme, transforme, trahisse, on ne sera pas dans l'innovation.

L'innovation ne peut pas être pensée toute seule, elle ne peut être pensée qu'à la condition de remettre en cause les systèmes hiérarchiques, à condition de réinventer les fonctions parallèles et symétriques de l'appareil d'État. L'innovation toute seule, si on n'y réfléchit pas, s'inscrit inévitablement dans un modèle de plus en plus libéral, mais ce n'est pas par le système de conservation morcelé des appareils publics que l'on pourra accompagner l'innovation. On est devant une sorte de double gageure : inventer du local ici et maintenant et inventer les appareils collectifs qui permettent de les faire bouger.

Accompagner l'innovation et accroître l'autonomie

Richard Étienne, université Paul-Valéry, Montpellier-III

> « Entre dépendance et solitude, où se situe l'accompagnement ? Et quelle est cette position ? Aide, soutien, guide, pourvoyeur d'outils, de repérages, de références... On y navigue forcément entre imposition et autorisation. »
> Mireille Cifali [29]

Richard Étienne apporte ci-dessous sa contribution en tant que « grand témoin » des trois journées de ce colloque.

Tout le monde aura remarqué qu'il n'existe pas de « petit témoin ». Aussi, pour me hisser à la hauteur des attentes des organisateurs et des participants, je me permettrai de rapporter ce que j'ai vu et ce que j'ai entendu, dans tous les sens du terme, quitte à y ajouter mon grain de sel. Autrement dit, ce que j'écris est entièrement vrai, puisque, à l'instar de Boris Vian [30], je l'ai totalement imaginé.

Il me semble qu'au cours de ces journées, nous avons continué à réfléchir dans le sens de l'éducation nouvelle [31] qui cherche depuis un siècle comment transformer l'école et en faire le lieu où se rencontrent et travaillent ensemble, élèves, enseignants, administrateurs et parents. De la méthode naturelle de Célestin Freinet à la frénésie actuelle autour de l'innovation qui mobilise un conseil national et une équipe de la direction de l'enseignement scolaire (Desco), il y a un sens que je voudrais dégager ici.

J'irai donc du côté des acteurs de l'innovation pour voir en quoi leur désir d'autonomie et de respect se marie peu ou prou avec une proposition d'accompagnement qui repose sur le changement doux qui s'avance masqué sous couvert d'innovation : les élèves sont-ils susceptibles de mieux apprendre dans des structures innovantes ? Les professeurs sont-ils fondés dans leur attirance-répulsion pour cet « attracteur étrange [32] » ? L'institution elle-même, dans son machiavélisme inconscient, s'y retrouve-t-elle en transférant les charges sur les enseignants sans leur concéder des moyens extraordinaires ? Le système gagne-t-il à tous ces ajustements qui misent plus sur les évolutions que sur les révolutions et privilégient le consensus au détriment des accords issus de négociations ?

29. Cifali M., « Une altérité en acte. Grandeur et limite de l'accompagnement », in Chappaz G. (dir.), *Accompagnement et Formation*, université de Provence et CRDP de Marseille, 1998, p. 121-160.

30. Vian B., *L'Écume des jours*, Paris, Pauvert, 1946.

31. George J., « Un siècle d'éducation nouvelle », *Cahiers pédagogiques*, 2001, n° 395, p. 10.

32. Le Boterf G., *De la compétence : essai sur un attracteur étrange*, Paris, Éd. d'Organisation, 1994.

Du côté des élèves

Nouveaux publics, nouveaux enseignants, éducation nouvelle !

Si les tenants de l'« éducation nouvelle » et de l'« université nouvelle » se comptent depuis un siècle et proposent à l'institution, mais surtout à leurs collègues, des manières de faire différentes, il est vrai que l'élève n'est passé au pluriel que très récemment. Les élèves sont des personnes et nul n'apprend comme son voisin. Depuis l'introduction dans le préambule de la Constitution du droit de chacun à l'éducation et à la culture, tout se passe comme si on avait enrôlé dans les troupes de l'école des « malgré-eux ». Le paradoxe d'un lycée fait pour instruire les élites administratives et ouvert aux hordes de « sauvageons », selon la formule de Jean-Pierre Chevènement, ancien ministre de l'Éducation nationale, n'en finit pas de remettre en cause le modèle napoléonien. Le camp des pédagogues s'est renforcé de l'appui institutionnel qui le mine et le ruine : l'appel à l'innovation c'est la volonté de contourner comme Maurice Tardif[33] aime le souligner. Le métier évolue lentement. Or, à l'échelle de l'éducation, l'irruption de tous dans l'enseignement secondaire s'est faite en quelques décennies, avec une accélération marquée dans les vingt dernières années. L'équation qui s'impose est donc à la fois simple et presque impossible à résoudre : à nouveaux élèves, nouveaux maîtres et donc éducation nouvelle ! Même si, et j'y reviendrai, le recours à la nouveauté, voire à l'innovation, ne rend pas toujours crédible et clair notre propos, il est évident que nous ne pouvons nous contenter de proclamer que nous allons conduire tous les élèves vers un savoir caporalisé et figé qui était le modèle bien pratique des classes préparatoires aux grandes écoles. Jean-Yves Rochex[34] fait remarquer que le savoir est beaucoup plus dynamique que cela, qu'il repose sur la recherche, la mise en doute et non les certitudes, voire les rigidités, d'un savoir savant présenté comme référence intangible. Mais, il nous fait également remarquer que nous n'avons pas à consacrer tous nos efforts à la seule mise en activité des élèves comme si elle suffisait pour faire découvrir les enjeux de l'apprendre et du savoir. Pour résumer, voici ce que j'ai entendu et retenu de ces trois jours de travail : consacrer nos efforts à l'innovation pédagogique ne dispense pas d'une attention toute particulière à l'implication des élèves dans leur rapport au savoir, dans la découverte des enjeux de l'apprendre et du savoir.

L'auto-socio-co-construction

Autrement dit, comme l'écrivait Célestin Freinet (cité par Jacques George[35]) : « Il faut débarrasser notre verbiage pédagogique de ce mot “nouveau” ou “nouvelle”, qui nous a fait tant de tort, parce qu'il a fait

33. Tardif M., Lessard C., *Le Travail enseignant au quotidien – expériences, interactions humaines et dilemmes professionnels*, Bruxelles, De Boeck, 2000.

34. Rochex J.-Y., « Pratiques de savoir et pratiques sociales dans et hors la classe : un enjeu de démocratie », intervention lors du colloque du Crap-Cahiers pédagogiques, *Apprendre et vivre la démocratie à l'école*, 2002.

35. George J., « Un siècle d'éducation nouvelle », *op. cit.*

croire que nous cherchons la nouveauté avant tout, alors que ce qui nous préoccupe exclusivement c'est de rendre plus rationnel, plus intéressant, plus efficace notre travail scolaire. » Bref, j'utiliserai comme vous le mot-valise d'innovation, je lui donnerai un sens bien précis : changement dans mes pratiques d'enseignant qui ne constitue pas une nouveauté dans l'absolu mais un « pas de côté » allant dans le sens des trois adjectifs d'intensité employés par Freinet et je me concentrerai sur la meilleure manière de la faire advenir et de l'accompagner. Ce resserrement du champ est imposé par les défis qui nous attendent : il s'agit de se doter, en le référant très précisément à ce que l'on sait de l'apprendre et du savoir, mais sans le discuter ici et maintenant, d'une définition opérationnelle de ce qui se passe quand les élèves apprennent. Reprenant et complétant la trilogie du Groupe français d'éducation nouvelle (Gfen), je confirmerai que les élèves se développent par auto-socio-co-construction. « Auto » signifie que c'est chaque élève qui apprend et qu'il le fait par lui-même (d'où l'enjeu des conduites à projet et de leur effet impliquant). « Socio » rétablit la dimension sociale de tous les apprentissages, avec ses ressources et contraintes, l'établissement scolaire et la classe apparaissant comme des micro- ou méso-systèmes qui ne dispensent pas la société d'une clarification conceptuelle de la demande qu'elle fait à l'école : exemple typique, plus la société est désorientée, plus elle demande à l'école d'orienter ! « Co » constitue la dimension que je me propose d'explorer et apparaît comme une redondance, sinon une tautologie, avec le préfixe de construction. Passer de l'instruction à la construction n'est pas une mince affaire. C'est faire le deuil de l'enseignement pour s'engager dans les apories de l'éducation : rendre libre par la contrainte et obtenir l'égalité à partir de la dissymétrie originelle de nos savoirs scolaires. Préférer l'accompagnement à l'intrusion ne va pas de soi et mérite qu'on s'y attarde. Comme la diplomatie est un art supérieur de la conduite de la guerre, le dialogue pédagogique ne peut se justifier que s'il poursuit avec plus de rationalité, d'intérêt et d'efficacité, le projet éducatif.

La pratique de l'écoute... et du dialogue !

Nos représentations sur l'écoute sont victimes de la simplification abusive de la non-directivité de Carl Rogers [36]. Écouter un élève et *a fortiori* un collègue a des relents de soufre. Nous sommes culturellement mal partis pour cette activité de l'« audit » bien plus anglo-saxonne que latine. Notre conception idéaliste du monde nous prédispose à l'inspection. L'audition des témoins n'étant là que pour corroborer ou contredire une version des faits construite *a priori*. Mon rôle de témoin m'impose de remettre en cause cette vision manichéenne. Les élèves, comme toutes les personnes, ne peuvent apprendre, que parce qu'ils sont écoutés. Je ne reviendrai pas sur les conceptions ou représentations avec lesquelles Bachelard [37] proposait déjà d'organiser une rupture épistémologique. Dès lors, la volonté de leur permettre d'apprendre parce qu'ils sont impliqués dans des démarches innovantes fait que l'écoute professorale ne

36. Rogers C., *Liberté pour apprendre?*, *op. cit.*

37. Bachelard G., *La Formation de l'esprit scientifique*, Paris, Vrin, 1955.

se contente plus d'être un recueil indifférent des propos tenus mais elle devient quelque chose de plus dynamique, elle s'inscrit dans le dialogue et sa problématique scientifique, la dialogique pour reprendre l'expression d'Edgar Morin [38]. Or, les professeurs ne sont pas formés au dialogue ; le modèle du savoir savant (Chevallard [39]) colporté par une didactique dont le mérite fut de faire émerger la nécessité d'un savoir scolaire ne dit rien de la manière dont l'affaire peut être conduite avec tel ou tel groupe d'élèves. Il est toujours possible d'apprendre sans comprendre véritablement les enjeux de son apprentissage. Il est toujours tentant d'imposer le silence à celui qui ne sait pas. C'est même ce qui explique que les nouveaux publics de l'école soient souvent réticents à l'innovation pédagogique : ils se sont construit une représentation de l'école selon laquelle les cours sont des linéaires et le savoir des marchandises qui doivent leur être délivrées gratuitement. L'écoute et le dialogue sont là pour « faire avec cette conception » à seule fin d'aller contre. Comment ne pas imaginer que cela nous impose une révision drastique de nos propres conceptions du métier [40] ?

Du côté des professeurs

Le dur métier d'innovateur : entre risques et gains

Admettons la question résolue. Et de fait, elle l'est par le pilotage actuel du système, sachant, à juste titre, qu'on n'innove pas par décret. Il y a donc des innovateurs. Mon grand étonnement, c'est qu'il y en ait encore. En effet, plusieurs d'entre nous, intervenants ou participants, ont fait remarquer que le métier d'innovateur ne se conçoit que comme une navigation périlleuse entre risques et gains. Comme dirait Michèle Amiel [41], qu'ont à gagner les innovateurs ? Rien que de l'angoisse, des coups et des larmes. Comme toujours, en matière d'éducation, la longueur des études amortit l'effet innovation et la dispersion entre individus détermine qu'une innovation aura provoqué un gain chez certains et une régression chez d'autres. La noble incertitude de l'éducation fait que bien des grains de sable peuvent gripper la meilleure machine à innover et ce deuil de l'efficacité n'est pas facile à faire. Où est le temps des mauvais élèves, cette époque de la bonne conscience où l'on n'avait pas encore inventé l'échec scolaire (que l'on peut dater des années 60) ? Chaque rentrée scolaire amène une nouvelle vague anti-pédagogique et les brûlots se multiplient contre les pédagogues. Enfin, pour les larmes, il n'y a qu'à voir le haut degré d'exigence de toute équipe qui constate que son action n'a pas résolu tous les problèmes. C'est la grandeur et la servitude

38. Morin E., « Articuler les savoirs », in *Quels savoirs enseigner dans les lycées ?*, CNDP, 1998.

39. Chevallard Y., *La Transposition didactique*, Grenoble, Pensée sauvage, 1985.

40. Tozzi M., Étienne R., *Quelle identité professionnelle pour notre métier ?* CNDP-CRDP de Montpellier, 2001, coll. « Documents, actes et rapports pour l'éducation ».

41. Étienne R., Amiel M., *La Communication dans l'établissement scolaire*, Paris, Hachette Éducation, 1995, p. 148.

de l'éducation que de ne jamais renoncer à sa mission mais, il est souhaitable d'ajouter ici que nul n'est tenu, pas même une équipe, à se transformer en panacée. De cette remarque, trop nombreux sont ceux qui retirent une leçon de relativisme absolu et se contentent d'enseigner aux élèves qui apprennent, et à eux seuls. L'innovateur est un éducateur en ce qu'il ne renonce jamais ; à nous de lui faire apprendre et comprendre qu'il n'est tenu (et c'est la plus haute exigence éthique) que par une obligation de moyens. L'obligation de résultats ne se marie pas bien avec les métiers de l'humain.

Écriture professionnelle et solitude de l'innovateur

Cet effet indésirable (le sentiment vague mais permanent d'une culpabilité qui n'effleure jamais les tenants d'une instruction pure et dure) va constituer le quotidien du travail de l'innovateur. C'est dans l'escarcelle de notre culture qu'il conviendra de puiser les ressources qui établissent que les gains sont supérieurs aux risques encourus. Il y a en premier lieu la question de la « trace ». J'ai souvent remarqué que la bonne volonté des enseignants et des équipes est telle qu'ils ne s'assignent pas des objectifs clairement décrits et évaluables (voir Hameline [42]). Dès lors, au moment des bilans, c'est la fatigue et la déception qui tiennent lieu d'indicateurs d'évaluation : notre action n'est pas valable dans la mesure où nous n'avons pas résolu tous les problèmes de tous nos élèves. Je force le trait pour établir combien la trace des intentions est essentielle. Et là, je proposerai une attention toute particulière à une écriture des affects (voir Chappaz [43]) qui présentera le double avantage de repérer les objectifs mais aussi d'inscrire l'implication de l'équipe dans son projet. Outre l'enregistrement de l'origine, l'écriture de l'innovation devient un des modes du développement de la réflexivité des praticiens [44]. Enfin, c'est le projet du ministère et il faut penser qu'Internet le facilite grandement, on n'a rien trouvé de mieux que les réseaux pour briser la solitude. D'où la « socialisation » des écrits professionnels [45] ; ainsi l'Iufm de Montpellier a-t-il rendu publics 670 mémoires professionnels [46]. En ces temps de décentralisation, il n'est pas inutile de rappeler que l'existence d'une structure centrale peut se concevoir en termes de mutualisation mais également de régulation, ce qui provoque une mue identitaire, difficile à gérer mais indispensable pour ne pas tomber dans la dérégulation et l'abandon des innovateurs mais aussi de tous les enseignants à l'arbitraire et à l'incohérence.

42. Hameline D., *Les Objectifs pédagogiques en formation initiale et en formation continue*, Paris, ESF, 1979.

43. Chappaz G. (dir.), *La Dimension affective dans l'apprentissage et la formation*, université de Provence et CRDP de Marseille, 2000.

44. Perrenoud P., *Développer la pratique réflexive dans le métier d'enseignant*, Paris, ESF, 2001.

45. Voir les actes du colloque, *Quelle insertion professionnelle par l'écriture d'un mémoire ?*, Montpellier, pôle sud-est des IUFM, consultable sur le site : http://www.ac-montpellier.fr/ressources/memoires/Documentation/ACTESMOT.pdf.

46. Consultables sur le site www.ac-montpellier.fr/ressources/memoires/

Analyser ses pratiques et pratiquer la co-analyse

Ces trois journées sont marquées par un autre pari : l'écrit et l'écriture ne suffisent pas. Ils ne se conçoivent que comme supports, privilégiés certes, mais pas uniques, d'une activité complexe, au moins aussi complexe que l'action éducative : l'analyse des pratiques. D'autres supports existent qui peuvent être combinés avec l'écriture pour vaincre la solitude de l'innovateur. L'État a longtemps prétendu régler le système par la seule inspection, générale d'abord, puis pédagogique ensuite. Dans la deuxième moitié du vingtième siècle, les chercheurs de tous bords et de toutes obédiences ont proposé de faire le deuil de la toute-puissance taylorienne ou marxiste. Le professionnel n'est plus celui qui applique ce qu'on lui a demandé de faire. Il devient le « praticien réflexif » de Donald Schön[47]. Cette belle formule explique l'émergence de dispositifs qui permettent de réfléchir sur son action, injonction paradoxale et quelque peu contradictoire avec ce que j'appellerai les lois et règlements. Nul n'est censé ignorer la loi mais la loi ne pilote pas une action pédagogique. Doté de liberté pédagogique, l'enseignant comme tous les professionnels (le lieu n'est pas opportun pour savoir s'il est un professionnel ou si son métier est devenu une quasi-profession), se demande s'il a bien fait quand il a agi ou, plus finement, il essaie de comprendre *a posteriori* les règles qu'il a suivies dans le feu de l'action. Pour cela, pas d'alternative à l'analyse de situations, de pratiques ou du travail. Cette constellation est de plus en plus la référence des personnes qui comprennent qu'une logique systémique s'est ajoutée à la rationalité pure, fondatrice des valeurs de notre école républicaine. J'ai eu l'occasion de traiter cette question à l'occasion des cinquante ans des *Cahiers pédagogiques* [48]. Je ne vois pas ce que j'aurais à retirer, sinon que nous allons vers des formules diverses et variées liant l'écrit et le récit, des formules dans lesquelles les équipes d'établissement souhaitent bénéficier d'un accompagnement dont l'action s'apparente à la catalyse plus qu'à l'intervention. L'analyse de pratiques conduite dans ces conditions n'est pas une thérapeutique (nous ne sommes pas des malades, les élèves non plus), ce n'est pas non plus une simple écoute (il y a une volonté d'élucidation). Enfin, elle dépasse la simple résolution de problèmes car elle se veut plus entraînement à l'analyse que production d'une analyse qui, de toute façon, ne peut rétroagir sur le passé. D'où son action formative qui contribue au développement des compétences individuelles et collectives (voir Fumat [49]). Restent à éclaircir encore bien des mystères dans ce qui n'est encore qu'un pari : une équipe d'enseignants qui s'inscrit dans l'innovation peut améliorer son efficacité en analysant ses pratiques. Mais Auguste Comte a établi qu'on ne peut se mettre à la fenêtre pour se regarder passer dans la rue. D'où l'idée de l'accompagnement.

47. Schön D., *The Reflective Practitioner*, New York, Basic Books, 1983. Trad. par Heynemand J. et Gagnon D., *Le Praticien réflexif, à la recherche du savoir caché dans l'agir professionnel*, Montréal, Les Éditions logiques, 1994, coll. « Formation des maîtres ».

48. Étienne R., « Comment développer l'analyse de pratiques professionnelles ? », in *Des idées positives pour l'école de demain*, actes des journées (28-30 octobre 1995) du cinquantenaire des *Cahiers pédagogiques*, Paris, Hachette, 1996, p. 266-270.

49. Étienne R., Fumat Y., Vincens C., *Analyser les situations éducatives*, Paris, ESF, 2003.

Vaut-il mieux être accompagné(e) ?

Je pense irrésistiblement à ce proverbe qui affirme qu'il vaut mieux être seul que mal accompagné. Il est vrai, et Mireille Cifali[50] nous en a souligné l'origine indiscutable, l'accompagnement est un concept vagabond. Beaucoup ne voient en lui que l'actualisation du compagnonnage et ce partage du pain les autorise à en faire la préconisation. D'autres y détectent le maintien ou le retour dans une dépendance qui en font l'opposé d'une action éducative. Malgré cet avertissement salutaire, je crois que l'accompagnement peut être autre chose qu'une mise sous tutelle. Quand j'écoute (et je n'ai fait que cela au cours de ces trois journées, mais aussi au cours des quinze années précédentes où j'ai participé à des actions à projet, accompagné des équipes en projet) ce que disent les acteurs de l'action éducative, je sens qu'il s'agit d'une fonction qui va avec l'incertitude et le doute d'une démarche à projet. Ce qui veut dire que l'accompagnateur ne doit pas se bercer d'illusion ni cultiver son *ego*. Son rôle est indispensable mais seulement parce que la logique de l'action humaine le requiert. Ce n'est pas ce qu'il fait mais ce qu'il permet de faire qui justifie *a posteriori* sa présence et explique l'investissement humain et financier qui est fait sur lui. Donc, il vaut mieux être accompagné(e) si on le demande et si on continue à le requérir, à l'épreuve des faits et du temps. Mais, comme le soulignent Guy Berger et Jacques Ardoino, seulement s'il y a de la place pour la « négatricité », le refus possible à tout moment et sans justification de l'accompagnement et/ou de l'accompagnateur. C'est une chance, nous commençons à habituer notre institution éducative à cette démarche si éloignée de ses mœurs il y a quelques années à peine. Merci à Françoise Cros[51] pour son travail inlassable dont nous percevons les bienfaits aujourd'hui.

« J'ai pas été formé(e) pour ça... »

Restera à surmonter la traditionnelle opposition qui n'est pas celle des innovateurs, bien sûr. Ils savent que rien ne sera plus comme avant. Nous devons nous préparer à ce que d'aucuns ont appelé une « adhocratie ». Autrement et plus simplement dit, aucun des projets que nous allons mener, aucune des innovations que nous allons mettre en route ne se sont produits à l'identique de ce que nous avons fait ou allons faire. Certes, si l'on se contente d'un trait grossier, d'une esquisse rapidement griffonnée, il n'y a rien de nouveau sous le soleil pédagogique. Mais dans tel collège ou lycée, marqué par une occupation de trois semaines des locaux, par la présence d'un nouveau principal, ce projet bouscule, dérange, ou au contraire, était fortement attendu, comme une compensation à ces semaines de lutte avec l'institution ou de déchirement au sein de la communauté éducative. La formation, notamment celle des professeurs du second degré, les prépare à une construction didactique de la classe. Or, depuis vingt ans, surgissent des injonctions bi ou pluridisciplinaires, les programmes eux-mêmes se dévergondent. Ils sont passés d'une approche par contenus à une approche par compétences. À peine sont-ils stabilisés qu'il faut déjà se

50. Cifali M., « Une altérité en acte. Grandeur et limite de l'accompagnement », *op. cit.*

51. Cros F., *L'Innovation à l'école : forces et illusions*, Paris, Puf, 1993.

lancer dans des travaux personnels encadrés, des parcours professionnels à caractère professionnel ou encore suivre des itinéraires de découverte. À l'injonction d'exécution d'instructions officielles se substitue l'invite à une démarche de projet créative plus respectueuse de l'esprit que de la lettre. Tous disent d'une voix unanime : « Nous n'avons pas été formés pour ça ! ». Allons donc inventer des formations à la créativité, des stages de compréhension et d'anticipation sur les instructions officielles. Ce n'est plus de la formation qu'il faut mettre en place mais un cours d'irrespect de la norme d'aujourd'hui pour mieux servir celle de demain. Les professeurs réclament une autre manière de concevoir la formation. De moments modèles dont il faut se souvenir et qu'il faut transférer dans l'exercice du métier, la formation se dissout (Étienne [52]) dans l'action de conduire la classe. Son identification et sa formalisation deviennent d'autant plus difficiles qu'elle est une composante essentielle de l'action professionnelle. D'où le rôle des accompagnateurs qui sont appelés dans l'académie de Montpellier : conseillers en formation et en innovation (CFI).

Et maintenant il faut évaluer !

Une antienne qui revient souvent ne suffit pas à faire une règle de conduite. Quelques questions essentielles doivent être posées avant de statuer : à qui et à quoi sert l'évaluation ? Ces dernières années, nous avons vu le développement de ce que d'aucuns appellent une culture de l'évaluation. Or, que voyons-nous quand nous suivons les équipes ? Une négligence de ce côté-là, au moment de la réalisation et, la plupart du temps, une impossibilité technique que nous avons évoquée plus haut : faute d'objectifs clairs et identifiés, le référent de l'évaluation se dérobe. En matière d'innovation, l'affaire est d'autant plus gênante qu'elle peut se traduire par le renoncement à l'action, le scepticisme généralisé. Un des avantages de l'accompagnement tel que vous le concevez au cours de ces journées est que ce rôle peut se jouer à deux niveaux. En premier lieu, votre vigilance lors des phases préliminaires peut conduire l'équipe à se donner des objectifs modestes mais dont l'atteinte sera synonyme de retour positif sur le projet. En second lieu, votre habileté consiste en une mise en mains d'une évaluation de pilotage pour l'équipe. Tout le monde sait bien qu'il ne sert à rien ou presque d'évaluer les dégâts quand on est sorti de la piste. En revanche, savoir anticiper, réduire la voilure, modifier le cap, tous ces gestes font partie d'une conduite de réussite dans laquelle la dérive est contenue dans des limites raisonnables. L'innovation pose de redoutables problèmes d'évaluation et l'épuisement des acteurs qu'elle induit ne doit pas être accrû par le simple fait qu'on ne demande jamais des comptes qu'à ceux qui innovent alors que les autres peuvent bien rester dans leur médiocrité ; nul ne les somme d'évaluer ce qu'ils font. Il est donc clair que dans la dynamique d'innovation, je suggère de confier aux équipes d'accompagnement le soin de l'évaluation pour faciliter son transfert dans le pilotage par les équipes de réalisation [53].

52. Étienne R., Lerouge A., *Enseigner en collège ou en lycée : repères pour un nouveau métier*, Paris, Armand Colin, 1997.

53. Étienne R., « L'évolution vers la mise en réseau(x) du système éducatif, notamment au niveau local », in Bois M., *Les Systèmes scolaires et leurs régulations*, CRDP de Lyon, 2002, coll. « Documents, actes et rapports pour l'éducation », p. 93-103.

Du côté de l'institution

Le savoir et le faire savoir : pourquoi recueillir et diffuser l'innovation ?

J'ai déjà souligné les paradoxes d'un système centralisé [54], il peut laisser davantage de marges aux acteurs qu'un système quadrillé. Le ministère de l'Éducation nationale a longtemps hébergé des innovateurs qui travaillaient à sa subversion. Il en fut ainsi pour les technologies de l'information et de la communication. Aujourd'hui, et depuis plusieurs années, les innovations et leur valorisation mobilisent des personnes et un service de la direction de l'enseignement scolaire. Merci aux ministres et aux fonctionnaires qui ont permis, au sein de l'administration centrale, l'existence d'un noyau préfigurant la nouvelle architecture du ministère après sa réelle décentralisation. On pourrait penser, comme naguère certains pédagogues faussement naïfs, qu'il suffit de ne rien faire pour qu'advienne du nouveau dans un système ancien. Bien au contraire ! L'innovation se perd dans les sables de l'anonymat et l'intérêt naturel des enseignants est d'innover sans que cela se sache. Nous observons tous que les innovateurs font de la rétention d'information. Mettre en place un réseau d'aide et d'accompagnement à l'innovation, c'est très habile. Ce réseau ne se nourrit que de rencontres formelles et informelles, de coups de téléphone et de demandes de formation ou d'information. Pour peu qu'il bénéficie d'un accès au système central, le voilà qui fonctionne au mieux des intérêts de l'institution et à moindre coût. Les échanges s'accélèrent, ce qui accroît le niveau d'information de l'institution sur ce qui se passe sur le terrain et surtout qui favorise une diffusion de l'information sur les établissements et les classes. Ce n'est pas l'effet palmarès qui est recherché (les enseignants, y compris les innovateurs, savent, pour toutes sortes de raisons, qu'il vaut mieux ne pas requérir la récompense de ses efforts par cette voie) mais l'effet brumisation. Autrement dit, naguère hors-la-loi, l'innovation devient la référence professionnelle constante. N'est-ce pas ce que recherche, tout au moins dans ses déclarations d'intention pédagogique, une institution dont les responsables suprêmes promettent toujours de ne pas lancer la énième réforme impossible du système ?

« L'établissement apprenant ? »

Alain Bouvier [55] est venu souligner l'intérêt des travaux d'une école de la sociologie des organisations pour laquelle le développement peut se réduire au concept fédérateur d'organisation apprenante. J'ai moi-même proposé naguère [56] le concept d'« établissement formateur ». Passé à l'aune de l'innovation et des conditions à réunir pour faciliter le changement

54. Étienne R., *Les Réseaux d'établissements, enjeux à venir*, Paris, ESF, 2000.

55. Bouvier A., *L'Établissement scolaire apprenant*, Paris, Hachette, 2001.

56. Étienne R., « L'établissement formateur : quelle contribution du "terrain" à la formation générale des professeurs de l'enseignement secondaire ? », *Recherche et formation*, INRP, 1999, n° 31, p. 137-151.

dans l'institution scolaire, l'établissement devient la pierre angulaire d'un nouveau calage de l'institution scolaire qui n'est plus descendante comme jadis ou ascendante comme ont voulu l'établir quelques rêveurs basistes. De fait, les établissements sont le lieu où se côtoient les acteurs institutionnels. La présence des élèves et des professeurs rend impossible le maniement constant de la langue de bois qui veut que l'on place l'élève au centre et que l'on demande à l'enseignant de travailler selon ce principe hétérogène à toute organisation du travail. Toutefois, cela ne signifie en rien qu'une innovation abolisse un jour le fonctionnement routinier. Il est même une habileté suprême qui consiste à isoler les innovateurs, à leur donner un os à ronger et une innovation à mettre en place. Accompagner l'innovation ? Oui, mais à condition qu'elle ne se transforme pas en ligne de fuite. L'ensemble des participants à ce séminaire pourraient grandement s'inspirer d'un ouvrage récent de Monica Gather Thurler[57] qui établit une démarche stratégique pour changer un système éducatif à partir de l'établissement et de l'innovation. Dans ce cas, c'est la dimension de l'établissement qui est concernée et pas simplement une équipe à qui l'on va donner les moyens de mener à bien *son* projet.

Chef d'orchestre et/ou homme-orchestre ?

C'est le chef d'établissement et son rôle qui sont visés. Il y a accord général pour en faire le premier acteur du changement. Bien avant son recrutement, il conviendrait de le situer et de le faire se situer par rapport au changement dans le système éducatif. Non pour vérifier son engagement militant, il suffirait pour cela de modifier la procédure de recrutement, mais pour déceler sa capacité à faire émerger et à entretenir une véritable politique d'établissement mobilisatrice et efficace. Voilà pour le chef d'orchestre qui doit veiller à ce que les innovations irriguent le projet d'établissement et ne se posent pas à côté de lui ou, pire encore, le contredisent. Mais rien de pire alors qu'une bonne volonté exacerbée. Il n'y a pas de confusion entre le rôle de chef d'établissement et celui de chef de projet, surtout si ce dernier est innovant. Les deux ne font pas le même métier et ils ne se trouvent pas à la même place, quand bien même ils sont tous deux indispensables, le premier pour autoriser et encourager, fournir les ressources et la mise en sécurité nécessaire à l'innovation, le second pour négocier avec le premier, coordonner une action démocratique et recevoir les éléments d'information qu'il répartit ensuite. Enfin, si le premier autorise l'accès à l'accompagnement, c'est le second qui organise la négociation pour que le conseil porte ses fruits. Donc, pas de confusion, le chef d'établissement ne peut se transformer en homme-orchestre jouant de tous les instruments de l'innovation, pas plus qu'il ne peut la détruire au nom de sa légitimité républicaine. Cependant, je l'ai vu parfois devenir homme (ou femme) orchestre par manque d'appui institutionnel et de formation à la démarche de projet.

57. Gather Thurler M., *Innover au cœur de l'établissement scolaire*, Paris, ESF, 2001.

(Re)penser la formation pour transformer le système

En définitive, c'est le rôle du dernier venu dans le système, de la formation continue, qu'il convient de redéfinir. L'innovation est fragile, tout le monde l'a déjà noté. Les analyses de pratiques révèlent qu'il a fallu une conjonction parfois bien hasardeuse d'éléments improbables pour qu'elle puisse exister. Quant à perdurer, c'est une autre affaire ! Or, nous avons entendu le terme de « perlaboration ». C'est dire qu'il faut créer et entretenir une ambiance propice à sa diffusion. Nous sommes bien loin de la tache d'huile que la formation continue avait charge d'étendre avec des moyens ridiculement faibles et une démarche de formation qui reste encore (et c'est heureux) placée sous le signe du volontariat. Je voudrais souligner combien me paraît pertinent et, à terme, porteur de réelles transformations du système, le fait de confier aux anciens CFE (conseillers en formation d'établissement) le soin d'ajouter à leur panoplie l'accompagnement de l'innovation. Aux fonctions traditionnelles de la formation qui ne sont pas devenues obsolètes pour autant (le recyclage ou la mise à jour des compétences et des connaissances, l'accompagnement des changements institutionnels par l'information et la formation sur les nouveaux programmes et la promotion pour assurer la mobilité des personnels) s'ajoute une fonction mal définie dans les années 80 : le développement de compétences collectives dont le seul tort était de laisser en rase campagne les équipes, une fois qu'on avait construit avec elles des procédures différentes d'évaluation ou un recours plus systématique à la différenciation pédagogique. Restait alors à organiser une journée de suivi ou une architecture sur trois ans de la formation d'établissement. Aujourd'hui, les choses sont plus claires, même si elles ne sont pas plus faciles à organiser. C'est aux équipes, en bénéficiant de conseil et d'accompagnement, de préparer leurs projets puis de les mener, avec toutefois cette mise à disposition de personnes ressources et relais qui ont justement en seconde mission de co-construire les plans de formation des établissements d'une zone géographique. À partir de cette donnée, tout le monde va pouvoir passer à un nouvel âge de la formation. Même si, pour des raisons de commodité, certains temps seront identifiés et prélevés pour faire de la formation formelle, il n'en reste pas moins que, dans la logique de l'organisation apprenante, les personnes et les équipes inscriront au cœur de leur démarche le fait qu'elles se forment en agissant. Le conseil en formation et en innovation repose alors sur une démarche elle-même nouvelle et, je le sais, bien exigeante pour un système qui ne s'est adonné à la formation continue que depuis vingt ans.

Du côté du système

Apprendre à « naviguer »

Aller chercher du côté de l'institution est nécessaire mais pas suffisant si l'on en croit les travaux de ce colloque. Je reprendrai deux expressions de nos conférenciers, « savoir patauger » disait Monique Lafont et accéder à la « maîtrise de la démaîtrise » lui répondait par avance Guy Berger.

Dans une logique laïque, républicaine et démocrate, il n'y a pas de modèle préexistant pour le social. Même le social de l'éducation, qui aurait bien besoin de modèles pour opérer en toute sérénité, doit faire le deuil de la toute-puissance. Autrement dit par les mêmes et par d'autres à plusieurs reprises ces jours-ci, se méfier de toute approche pure, c'est mettre l'impureté et le métissage au cœur de nos démarches d'éducation. Ce qui me distingue de la personne ou du groupe que j'accompagne, c'est que je respecte *a priori* la destination qu'ils se sont donnée. En revanche, là où j'interviens, c'est pour leur donner, à leur demande, une aide diversifiée et économe afin de rallier le port d'attache qu'ils visent à atteindre, quitte à ce qu'ils en changent en cours de navigation. C'est bien un changement d'ordre anthropologique qui ne concerne pas uniquement l'apprentissage et la formation : au paradigme de la ligne droite, plus court chemin d'un point à un autre, se substitue l'inévitable courbe (avec la courbure de la terre) et le fait que le parcours humain est plus initiatique que simplement géométrique. D'où le recours à la métaphore de la navigation qui prend ses repères par triangulation et abstraction mais s'actualise dans un affrontement avec les éléments qui imposent à chaque moment de réviser ses décisions au vu de leurs conséquences immédiates et lointaines, alors même que l'on se fait une idée très précise du but à atteindre. Entendue dans les conférences et confirmée dans les analyses de situations, cette renonciation à la maîtrise permet, sans que cela soit paradoxal, d'atteindre le but que s'est fixé l'innovateur et, bien souvent, d'en fixer un nouveau qui agira de la sorte, tissant ainsi la toile accidentée de la vie.

Quelles relations entre innovation et projet ?

Jean-Pierre Boutinet [58] aurait pu attirer lui aussi notre attention sur l'hypertrophie des instances temporelles que nous contraint à développer notre fonctionnement téléologique. Figure de proue des années 90, le projet a bien du mal à s'inscrire dans ce nouveau siècle, au point que j'ai l'impression que nous n'osons plus fixer d'échéance. Nous sommes en mal de grandes choses à réaliser. Par sa modestie innée, l'innovation paraît inoffensive. Qui n'éprouverait des regrets et du remords à échouer dans ses projets ? Au contraire, ne pas réussir une innovation donne à penser qu'il n'y a pas là grand caractère de gravité. Or, au moment de conclure ce témoignage, je voudrais vous communiquer mon trouble qui ne date pas d'aujourd'hui, face à la promotion de l'innovation : certes, elle constitue un antidote à toutes les volontés centralisatrices et unificatrices, mais ne vient-elle pas détruire ce que nous essayons de promouvoir par son caractère anodin, par un usage paresseux que nous en ferions, l'utilisant comme excuse à nos impuissances ? Ce que je souhaiterais souligner, au contraire, c'est qu'il n'est rien de plus décisif ni de plus subversif qu'une innovation. Guy Berger parlait ici même de la création de l'université de Vincennes sur des bases radicalement différentes de celles de l'université française. Il rappelait combien les oppositions constantes et les conflits y furent productifs. L'innovation a donc bien besoin d'un cadre et j'ajouterais même d'un cadre institutionnel,

58. Boutinet J.-P., *L'Immaturité de la vie adulte*, Paris, Puf, 1998, coll. « Le Sociologue ».

mais elle ne sera valide et validée que si elle parvient à subvertir ce cadre pour lui permettre de subsister en (se) changeant. C'est donc du côté des démarches à projet, malgré la confusion savamment entretenue entre elles et des dispositifs programmatiques, qu'il faut aller chercher le souffle qui risque de manquer dans cette affaire d'innovation que toute institution entend bien récupérer pour pouvoir continuer dans ses routines.

Passer de la pyramide au réseau[59]

Enfin, et puisque nous essayons de raisonner au niveau du système, je ne saurais terminer sans mettre en perspective l'innovation et les effets que nous pouvons en attendre. J'ai déjà quelques points de repères. Chacun en a ici et c'est plutôt bon signe pour la suite des opérations. J'ai évoqué à plusieurs reprises notre institution, j'ajouterai qu'elle est pyramidale. Comme toute pyramide trop grande, elle a essayé de se réformer en multipliant les petites pyramides et nous en sommes à une trentaine de pyramides académiques. Mais est-ce bien raisonnable ? N'est-ce pas méconnaître que pour une pyramide, l'innovation ce n'est pas le *down-sizing* (ou diminution de taille), mais bien la transformation, la transmutation qui sont essentielles ? Vers quelles nouvelles formes se diriger ? Même s'il est raisonnable et prudent de développer des doutes sur la pertinence d'une telle forme d'organisation (Kohn [60]), c'est vers les réseaux que je tournerai mes regards (Orgogozo [61]) : tout le monde admet aujourd'hui que nous ne pilotons plus notre système par des lois et des circulaires mais personne ne veut reconnaître que *le roi est nu*. Il faut bien un pilote et un pilotage de l'appareil. L'éducation est encore une affaire d'État. Il n'est donc pas question de l'abandonner au local. Mais si l'on opère un renversement, on peut admettre que le local, incité et, dans certains cas, aidé par le national, lui-même plus souple et plus prompt à rencontrer le local, va pouvoir s'organiser, quitter sa forme informe pour en endosser une nouvelle plus personnelle, même si elle est tenue d'obéir à des considérations et des consignes d'égalité. Le local abandonné à lui-même risque de dépérir par perte d'informations sur la complexité du monde qui l'entoure ; il se heurtera inexorablement au déclin des cités qui se croient protégées de l'irruption de l'extérieur par leurs enceintes. Des établissements mis en réseau de la maternelle au collège, comme c'est déjà le cas en Italie, posent de nouveaux objets de travail et l'allongement du temps qui se produit permet d'échapper à l'obsession de l'annualité qui a rendu notre système difficile à diriger dans le sens d'une démarche de projet. Introduire quelques innovations allant dans le sens de cette confiance aux réseaux que pratiquent plusieurs académies, n'est rien d'autre qu'une confirmation d'une tendance déjà énoncée du système qui évolue de la rationalité panoptique à une navigation plus consciente

59. Sérieyx H., Azoulay H., Groupe CFC, *Face à la complexité, mettez du réseau dans vos pyramides*, Paris, Village mondial, 1996.

60. Kohn R. C., « La notion de réseau », in Charlot B. (éd.), *L'École et le territoire : nouveaux espaces, nouveaux enjeux*, Paris, Armand Colin, 1994.

61. Orgogozo I., « Quelques réflexions, sur le réseau, les réseaux », in Gille B., *Le Pilotage pédagogique : exercice partagé ?*, Ministère de l'Éducation nationale, Direction des personnels administratifs, techniques et d'encadrement, 2002, p. 143-146.

des flux et reflux qui organisent la vie de la cité et donc l'éducation qu'elle donne à ses enfants. Aujourd'hui, nous sommes d'accord pour accompagner les innovations et prendre conscience de ce que cela signifie en termes de compétences et de formation. Demain, pensons que le conseil en formation et en innovation remplira une fonction essentielle dans la transformation du système éducatif.

Et surtout... « Savoir se taire ! »

Monique Lafont nous a intéressés à la pensée chinoise et à l'intégration des contraires qu'elle propose. C'est pourquoi, en tant que grand témoin, je n'assumerai pas la tâche qui m'est rationnellement confiée : je ne puis m'exprimer sur l'ensemble de ce qui a été évoqué dans ces trois journées de travail, car la tâche est au-dessus de mes forces. De plus, je considère que je n'ai pas à conclure dans une matière sans fin mais pas sans finalité comme l'accompagnement de l'innovation.

J'ai beaucoup écouté et noté. Mais ce fut au travers de mes propres filtres, actions et recherches. Je préfère donc me présenter comme un miroir : je réfléchis vos propos et vos propositions. Je note la richesse des échanges et la prise de conscience d'un nouvel élément de votre professionnalité, le conseil en innovation, dont la figure emblématique peut se traduire, actuellement, par la métaphore de l'accompagnement. Je renvoie enfin à des questions qui ne sont pas minces et qui, pour certaines, nous dépassent, comme la décentralisation, l'organisation du système en réseaux, la mission confiée à la formation des formateurs et des accompagnateurs et le rôle des établissements dans la transformation du système éducatif français.

Pour terminer sans conclure, je reprendrai à mon compte la proposition de Jean Cocteau, pas si vaine que ça dans notre cas : « Puisque ces mystères nous dépassent, feignons d'en être les organisateurs », et vous me permettrez d'ajouter, avec un brin de malice, et les accompagnateurs !

Deuxième partie

ATELIERS THÉMATIQUES : ÉCHOS ET POINT DE VUE

Des ateliers d'analyse de pratiques suivis de cinq ateliers thématiques permettaient aux participants d'échanger et d'élaborer des propositions. Plutôt que de restituer des comptes rendus lisses de ces échanges, le choix a été fait de demander aux volontaires de signer un texte en prise avec la réflexion menée dans l'atelier sans toutefois s'y limiter. Cinq thèmes forts issus des deux premières journées du colloque structuraient les ateliers de la dernière journée :

– l'accompagnement, identité, compétences et profils ;

– l'accompagnement, écoute et analyse ;

– posture, déontologie et éthique de l'accompagnement ;

– accompagner l'écriture de l'innovation, processus et produits ;

– accompagner pour communiquer, diffuser et transférer.

Identité(s), compétences, formation dans l'accompagnement à l'innovation

Kristel Godefroy, professeur des écoles, académie de Caen

L'atelier « L'accompagnement, identité, compétences et profils » était animé par Kristel Godefroy et Michel Tozzi.

> « Demander un accompagnement, c'est accepter de faire entrer ma sincérité dans un travail de vérité. Domaine de la délicatesse où la parole livrée est reçue, où un sens esquissé se trouve confirmé, où un accord se fait sur une réalité qui dépasse l'accompagnant et l'accompagné. »
> Annie Wellens[62]

Au cours de ce séminaire, nous avons cherché à donner forme à la posture d'accompagnement à l'innovation. Comme souvent, la recherche est à la fois cheminement, aventure et sculpture de la forme à faire émerger. Notre groupe est donc parti à la conquête de l'identité de l'accompagnateur, de ses compétences et de la formation adéquate. Difficile de dire si nous avons réussi à dévoiler une forme simple qui contiendrait l'essentiel des composantes de l'accompagnement. Complexité sans doute de la signification de l'accompagnement comme une manière d'être activement aux côtés de, d'être en liens tissés de part et d'autre, liens liés et déliés au fur et à mesure de l'accomplissement de l'innovation, calligraphie originale. C'est pourquoi l'écriture fait sens dans la pratique de l'accompagnement en tant que compagne de mémoire, de traces, de preuves mais aussi de style, de clarté et de significations.

En y regardant de plus près, les expériences d'accompagnement nous sont effectivement familières. Nous sommes quotidiennement témoins d'évolutions, de changements, de transformations avec les autres et en nous-mêmes. Mais cela ne fait pas forcément de nous des accompagnateurs. Comment s'opère cette formation ? Quels passages emprunter pour devenir des accompagn-acteurs, des accompa-gagnants, ac-compagnons, de bonne ac-compagnie… ? Engagé dans le désir d'être juste, clair et lucide, le groupe a produit au mieux des esquisses de définitions, au pire des hypothèses ouvertes à l'interprétation.

62. Wellens A., *L'Ordinaire des jours*, Paris, Desclée De Brouwer, 1997, coll. « Les chemins de sens ».

Des outils pour connaître et comprendre la complexité

Travailler avec la complexité, la réalité des expériences d'accompagnement en innovation suppose de se doter d'outils de mise à distance du vécu. L'analyse des pratiques par le Gease (Groupe d'entraînement à l'analyse des situations éducatives) est un dispositif adapté à cette démarche. Cependant, nous avons pris le temps d'ouvrir la réflexion à d'autres supports signifiants. Le passage par des formes d'expression narratives ou métaphoriques a permis aux participants d'articuler la sensibilité et la rationalité à l'œuvre dans la relation d'humanité qui s'instaure entre accompagnés et accompagnateurs, particulièrement dans le processus créatif de l'innovation. Nous nous sommes donc appuyés sur ces productions pour construire notre propos.

Quelles compétences attendues ? Quelles pratiques envisager ?

Comment connaître l'identité professionnelle d'un charpentier ? Pour ma part, si cela est possible, je préfère voir comment il fait son métier, avec quels outils, quels instruments, à quel moment, en compagnie de quels autres professionnels, à partir de quels savoirs avant de me faire une idée concrète de son identité. C'est pourquoi, nous avons proposé aux accompagnés et accompagnateurs de rédiger un appel d'offre ou une lettre de motivation qui permettraient de se représenter les compétences requises pour l'accompagnement à l'innovation. À partir de ces productions, le groupe a formalisé une analyse réflexive mais non exhaustive des compétences attendues. Si certains écrits forcent le trait, ils n'en contiennent pas moins des indicateurs pertinents de professionnalisation de l'accompagnement au sein de l'Éducation nationale. Cinq textes se sont dégagés.

Texte 1 : appel d'offre

« Recherchons accompagnateur d'innovation, les candidats devront posséder :

– une expérience diversifiée au niveau de l'enseignement initial et de la formation des enseignants ;

– une expérience professionnelle bénévole ou associative hors du cadre de l'Éducation nationale serait éventuellement appréciée ;

– un sens de l'écoute, de la disponibilité et de l'organisation sans pour autant être directif. »

Texte 2 : réponse à un appel d'offre

« Suite à ma participation au colloque *Accompagner l'innovation*, j'ai pris connaissance de votre appel à candidature. Consciente que je ne réponds pas au tout premier critère de sélection pour être accompagnatrice à l'innovation, c'est-à-dire faire partie de l'Éducation nationale, je me permets tout de même de vous proposer ma candidature. Je fais donc *a priori* l'hypothèse que ce poste pourrait être occupé par une personne extérieure au système scolaire.

En effet, pour moi, être accompagnateur à l'innovation, c'est avant tout avoir des qualités d'écoute, d'observation et de discrétion nécessaires à une position de recul face à une équipe accompagnée. Par ailleurs, c'est s'entourer d'outils, de méthodes, de personnes ressources auxquels se référer en tenant compte de la spécificité de chaque situation innovante et surtout de l'équipe accompagnée.

C'est aussi être en capacité d'intervenir à la demande de l'équipe ou si l'on juge que la situation le nécessite. Mais c'est toujours agir avec l'intention de débloquer une situation et non de la résoudre, de donner à réfléchir sans apporter de solution.

Être accompagnateur nécessite une formation : avoir une connaissance des méthodes d'analyse des pratiques ainsi que de connaître les attentes de l'institution. Mon jeune âge et mes débuts dans la vie active ne m'ont pas permis de multiplier des expériences et de m'armer autant que nécessaire. Cependant, ma mission de formatrice à l'UFCV[63] ainsi que ma préparation au Defa[64] m'ont déjà permis de poser quelques dalles sur le chemin. De plus, mon rôle de coordinatrice de projets innovants, garante du projet éducatif et celui d'"accompagnatrice" des directeurs de centre m'incitent à faire le lien avec le rôle d'accompagnatrice à l'innovation… »

Texte 3 : lettre de demande d'intervention

« Nous sommes une équipe qui travaillons sur un projet (dont le thème importe peu). Nous avons besoin d'une personne pour nous aider à analyser la situation dans laquelle nous sommes aujourd'hui. Nous ne voulons pas d'un spécialiste, d'un théoricien, c'est-à-dire d'une personne qui ne serait jamais sortie de l'école, mais une personne qui ait une expérience variée, aguerrie aux techniques d'analyse de pratiques pour faire émerger nos besoins et nous permettre d'évoluer. Nous voulons rester garants de la venue ou non de l'accompagnateur. »

Texte 4 : annonce de candidature

Vous venez de vous engager dans une aventure inédite, susceptible d'entrer dans l'histoire de l'innovation. Vous souhaiteriez pour vous accompagner une personne qui puisse vous offrir :

– une main secourable ;
– une oreille attentive ;
– une présence non pesante ;
– des mouchoirs jetables ;
– un miroir, une canne ;
– un numéro de téléphone joignable 24 h sur 24.

63. UFCV : Union française des centres de vacances et de loisirs.

64. Defa : diplôme d'État relatif aux fonctions d'animation.

Texte 5 : réponse à une sollicitation

Vous m'avez choisi pour être accompagnateur d'une action innovante et je vous informe que je refuse cette fonction pour les raisons suivantes :
– je ne peux écouter qui que ce soit plus de cinq minutes ;
– je fais toujours référence à mon vécu comme exemple ;
– j'impose toujours mes idées et surtout les mauvaises ;
– j'ai toujours refusé de travailler en équipe ;
– je ne connais rien aux rouages du système éducatif ;
– je ne tiens pas à être dérangé dans mon train-train quotidien ;
– enfin, le sujet ne m'intéresse pas.

Avant de donner les éléments de réflexion du groupe, je souhaite, de ma place de formatrice, faire une proposition de catégorisation issue de l'ouvrage collectif *L'Accompagnement en éducation et formation : un projet impossible ?*[65] Je m'appuie sur ces catégories dans ma pratique quotidienne d'accompagnement des enfants malades et de leurs familles ainsi que de bénévoles ou de chefs d'établissement dans l'analyse de leurs actions, de leurs décisions. En effet, ces textes rejoignent des domaines de compétences qui peuvent être définies comme des « compétences situationnelles, communicationnelles et temporelles pour construire un agir sensé ».

Les textes 1 et 2 abordent les compétences situationnelles d'ancrage de l'accompagnement dans les institutions par la connaissance des milieux professionnels ou associatifs et dans l'aptitude à suivre des projets de créativité ou d'innovation, de façon responsable, engagée. Dans le texte 2, l'extériorité du candidat accentue le besoin d'un tiers formé, qui de fait doit disposer d'outils, de méthodes agissant en qualité de garant de l'action commune. Son autonomie professionnelle fait l'objet d'un rééquilibrage par l'explicitation d'un cadre de relations et de modes d'intervention.

Le texte 3 articule les compétences situationnelles et communicationnelles par l'aptitude à l'analyse des situations d'accompagnement. Cet écrit sous forme de demande est assez proche des modalités de l'accompagnement des personnes en fin de vie ou de l'accompagnement spirituel. Il y est fait appel à des compétences d'aide à l'analyse, au dévoilement de l'expérience de l'innovation à la demande des accompagnés. Au cours des deux Gease[66] effectués dans l'atelier, les situations évoquées ont montré que la confusion des motifs d'agir ou de rester dans l'impasse était importante et que les compétences en actes s'éloignent facilement d'un référentiel pur et systématiquement applicable.

À l'issue des Gease, certains participants ont apprécié la posture d'accompagnement de l'animateur qui s'appuie sur des aptitudes d'aide active à l'élucidation en commune recherche, qui suppose écoute, présence et recul. D'autres ont ressenti ces compétences comme trop contraignantes.

65. Le Bouedec G., Ducrest A., Pasquier L., Stahl R., *L'Accompagnement en éducation et formation : un projet impossible ?*, Paris, L'Harmattan, 2001.

66. Les sigles sont explicités en fin de brochure.

Ce qui nous amène au troisième type de compétences dites « temporelles » que les textes 4 et 5 abordent plus particulièrement sous une forme humoristique. Il faut effectivement faire preuve d'endurance, de présence et de rythme pour faire face aux exigences éthiques de l'accompagnement : faire face à la difficulté, à l'hésitation, au doute, accepter l'autre dans sa totalité. Nous ne sommes pas étonnés de voir que les textes les plus humoristiques sont porteurs de l'ambivalence, des limites, des paradoxes incontournables qu'il est « heureux » de voir abordés dans cette recherche de sens.

Le travail de problématisation qui a suivi la production de ces textes a conduit le groupe à formuler quatre champs auxquels pourraient se référer les compétences de l'accompagnateur à l'innovation : l'expérience, la présence, la distance et l'aide.

Expérience

– Diversifiée dans l'Éducation nationale (EN) et/ou hors EN (secteur associatif, syndical).
– D'innovation.
– D'accompagné.
– De logiques de formation différentes de l'EN, issues d'autres professions.
– D'animation de groupe.

Présence

– Disponibilité.
– Adaptabilité.
– Écoute dans la durée.
– Capacité de reformulation.
– Partage et mutualisation.
– Personnalité forte.
– Implication.
– Absence de pesanteur.

Distance

– A du recul.
– Ne s'érige pas en modèle.
– Insuffle.
– Sait se taire pour écouter.
– Trouve la bonne distance.
– Est souple (tutorat, formation…).
– Reformule pour favoriser l'émergence des besoins, des désirs.
– Sait observer.

Aide

– Gère et régule une équipe innovante.

– Analyse sa propre pratique.
– Aide un groupe à analyser sa pratique.
– Explicite, fait expliciter.
– Aide à écrire pour soi, pour les autres.
– Négocie un cadre structurant.

Qui peut posséder de telles compétences ? Le retour sur la réflexion a parfois laissé une sensation de vertige aux accompagnateurs comme aux accompagnés. Comment aborder ce trouble alors qu'il nous faut poser la question de l'être ? Afin de faire émerger les représentations, nous avons privilégié l'expression métaphorique à laquelle succède la reprise réflexive qui tente de faire un portrait sensible de l'accompagnateur à l'innovation.

L'identité de l'accompagnateur : comment s'ébauche-t-elle ?

L'investigation dans l'identité professionnelle est un moment délicat de l'explicitation de son rôle et de sa place dans un système. Accompagnés et accompagnateurs donnent à voir des personnalités globales dans lesquelles observateurs ou analyseurs vont chercher à prélever quelques indices pertinents pour donner sens et forme à l'action commune. Pour approfondir l'identité de l'accompagnateur en toute subjectivité, les participants ont répondu à la proposition de produire une métaphore à partir de l'embrayeur suivant : « Être accompagnateur, c'est comme… » auxquelles ont été associés des termes en écho (termes entre parenthèses).

Être accompagnateur, c'est comme…

– « répondre à un appel à la *hotline* où l'écoute est immédiate » (urgence, expertise, professionnalité) ;

– « partir en voyage non organisé, à l'aventure » (inconnu, incertitude, non-maîtrise, découverte, hasard) ;

– « une montre molle qui soudain se mettrait à indiquer l'heure » (interpellation, événement, éveil, direction, repère) ;

– « une girafe pensive » (ignorance, innocence) ;

– « une vache qui rit qui réfléchit » (réflexivité dans l'action, humour, décontraction) ;

– « un bois dur et tendre, on s'appuie sur, on prend des coups » (référent, limites, transgression) ;

– « le papillon qui induit un courant d'air mais pas un ouragan poussé » (Pygmalion, dynamique, fluidité) ;

– « une mère qui apprend à son enfant : elle le soutient sans le tenir, le laisse tomber sans qu'il se fasse mal, l'encourage sans le presser » (éducateur, lien, bienveillance, attention, transmission) ;

– « Aide-moi à faire tout seul ! Montessori » (médiateur, tuteur, passeur, émancipateur) ;

– « une goutte suspendue au bout d'une branche qui attend qu'on l'invite à tomber » (accoucheur, sagesse, maturité, autonomie) ;

– « un Sherpa, le temps d'un étage : on pose le sac et on repart » (soutien, délestage) ;

– « celui qui est en rappel, qui tient le mousqueton nécessaire dans l'escalade, mais seulement dans l'urgence » (protection, anticipation, réassurance, équilibre).

La synthèse réflexive a abouti aux propositions suivantes :

– l'identité repose sur un profil dominant de facilitation ;

– l'accompagné reste le vrai pilote ;

– l'accompagnant est disponible à la demande, il écoute, il ne fait pas dire mais aide à expliciter, il exerce une vigilance dans la présence comme dans la prise de recul, il sait ne pas être là, il porte un regard croisé, il partage les situations et le vécu, il est complémentaire.

Cette approche de l'identité de l'accompagnateur fait apparaître ce qui peut se jouer dans les processus d'innovation : l'aventure, l'incertain, le risque, la croissance, la transformation, la transgression, l'action sur l'environnement, la créativité, l'énergie, le travail, la force, la faiblesse, la vulnérabilité. C'est dire que l'exigence demandée à l'accompagnateur est à la hauteur des défis que l'accompagné se donne, ou imagine devoir atteindre. On peut faire l'hypothèse que l'accompagnateur se révèle dans son aptitude à accompagner un processus dynamique du désir de l'accompagné afin de favoriser l'ajustement au réel. L'accompagnateur entre témoin et *coach* d'un ajustement créateur, tente de détenir les clefs d'une identité de clarificateur, de compagnon, de facilitateur mais aussi de vigie.

La complexité de l'identité de l'accompagnateur est le miroir des richesses des pratiques et donc, de leur diversité. Ainsi, lors des Gease, un directeur d'école accompagné s'interrogeait sur la légitimité de son action. Était-il porteur avec son équipe d'une innovation ? Dans une autre situation, une enseignante superposait une identité de professeure, de formatrice, d'artiste et de militante au service de l'innovation : pouvait-elle tenir toutes ces places ? Comment faire en sorte que toute la richesse de postures puisse répondre avec le plus de justesse possible aux questions récurrentes : « Au nom de quoi ? » et « Qui suis-je pour innover ou accompagner à l'innovation ? »

Certains participants ont pointé la dérive de telles interrogations, si ces dernières ne s'appuient pas sur les finalités de l'innovation concernant les effets sur le développement cognitif et affectif des élèves et la nature des apprentissages réalisés dans un cadre innovant. L'accompagnateur qui est très souvent un formateur n'est pas explicitement autorisé à intervenir dans ces champs de compétences qui façonnent professionnellement l'identité des accompagnés innovants. Les Gease ont porté une interrogation sur cette ambiguïté de la « non-intervention » sur l'objet de l'innovation : ce dispositif d'analyse a pu être le lieu du dévoilement des ressorts éthiques et déontologiques d'une relation d'accompagnement. N'a-t-on pas à partager explicitement les enjeux du sens d'une innovation au cœur même de l'accompagnement, afin de préserver la légitimité des acteurs et ainsi d'assurer les identités professionnelles en mutation ?

Dans l'ouvrage précédemment cité[67], il est fait appel à un principe d'alliance qui donne à l'éthique « une structure de dialogue » qui a pour base des principes de loyauté et de fidélité, c'est-à-dire de solidarité. Nous avons ressenti ce sentiment de solidarité dans le groupe lorsque accompagnés et accompagnateurs faisaient face à la difficulté de se définir, d'être bien chacun à sa place, d'être juste. Il en a résulté une prise de conscience plus affirmée du réel, une libération de la parole, de l'imagination et de la créativité propice à l'innovation. C'est dans ce rapport d'expression mutuelle que les participants ont pu élaborer un projet de formation à l'accompagnement à l'innovation.

Quel est le type de formation souhaitable ?

Les participants ont construit un projet de formation selon trois axes, l'axe du dispositif, l'axe du contenu et l'axe de la finalisation. À plusieurs reprises, l'idée de mixité d'approches de l'accompagnement en formation s'est imposée comme un principe garant d'une relation sincère et honnête entre accompagnés et accompagnateurs. L'idée d'une formation à la carte, à la demande, est intervenue de façon récurrente, gage d'une souplesse qui conduit à l'efficacité.

À la lumière de ces perspectives, le projet de formation a été ainsi décliné :

Ce qui relève du dispositif

– Mettre en présence des binômes composés de novices et de personnes expérimentées.

– Individualiser le parcours de formation.

Ce qui relève du contenu

– Analyser une pratique en parlant de sa pratique d'accompagnateur dans un travail de supervision.

– Analyser une pratique d'écoute.

– Travailler la posture de l'écoute dans ce cadre spécifique.

– Former à l'écriture et à l'aide à l'écriture.

– Travailler la démarche d'innovation et l'évaluation de l'innovation.

Ce qui relève de la finalisation

– Mener une réflexion sur les valeurs.

– Appréhender les finalités de l'accompagnement en étudiant l'articulation entre la relation, l'écriture et l'action efficace.

Quels professionnels, quelles personnes, quels dispositifs sont en mesure de mettre en œuvre une telle formation ? À l'évidence, des spécialistes

67. *L'Accompagnement en éducation et formation : un projet impossible ?*, *op. cit.*

de l'écoute et de l'analyse, des professionnels de la santé, de l'animation, du social, de la psychologie mais aussi des cadres de l'Éducation nationale qui bénéficient de formations précieuses dans ce domaine. Il faudrait oser faire appel à des bénévoles de l'accompagnement à la scolarité, de l'accompagnement des personnes âgées ou malades ou à des militants pédagogiques qui ont acquis une expertise dans le suivi des contrats éducatifs locaux ô combien innovants !

Ce qui est cependant le plus sûr et immédiatement disponible, c'est l'intelligence collective des professionnels de l'Éducation nationale qui acceptent de regarder avec lucidité leurs conduites sans jugement. Des équipes éducatives qui rassembleraient les enseignants, les CPE, le personnel Atoss[68] et des associations impliquées dans les projets d'établissement ou des groupes plus restreints procèderaient à une analyse rigoureuse et stimulante des innovations. Des animateurs de ces analyses seraient repérés pour leurs compétences et leur extériorité. Tout ceci pourrait déboucher sur des laboratoires de recherche-action à proximité, concrets, cohérents et responsables. Souplesse et accessibilité n'empêchent pas d'œuvrer au dépassement d'une réalité immédiate et inadéquate. André Sirota, psychologue, a rappelé lors de l'Université de l'Éducation nouvelle de Val Louron en août 2002, l'importance de trouver un lieu où parler régulièrement de ce que l'on vit, penser ce que l'on vit et ce que l'on fait.

« Nos actions ne sont pas la résultante de nos projets rationnels et conscients, elles résultent de nos enjeux inconscients et de leurs frottements avec ceux des autres. Si nous voulons savoir ce que nous avons fait, il faut toujours en passer par une analyse rétrospective et par le regard des autres, qu'ils aient ou non vécu la même expérience, qu'on l'ait ou non vécue en commun avec ceux à qui l'on relate nos actions pour les analyser et les élaborer dans l'après-coup… Analyser, élucider après coup et avec d'autres suppose de notre part une curiosité profonde pour le fait psychique et le fait psychosocial et une capacité de plaisir culturel partagé… »

Si le travail du groupe s'est orienté vers la condition des accompagnateurs, il a tenu à prendre en compte l'identité de l'accompagné qui est le partenaire de l'accompagnement. Il nous a semblé important de rappeler la nécessité d'un partage de formation dans leur direction, autre forme d'éthique de l'équité, de la solidarité. Une formation innovante donc !

68. Les sigles sont explicités en fin de brochure.

L'accompagnement : entre écoute et analyse

Marie-France Ferrer et Christiane Koberich, conseillères en formation et innovation, académie de Montpellier, animatrices de l'atelier « Écoute et analyse ».

« Être présent sans être pesant. »

L'accompagnement est l'une des ressources que le dispositif de valorisation des innovations pédagogiques offre aux équipes innovantes. Mis en place de façons différentes selon les académies, il peut intervenir seulement en fin d'action, dans la phase d'écriture de l'expérience ; mais aussi dès le début de la contractualisation, dans la mise en projet, il suit alors l'action dans son évolution jusqu'à sa phase finale. Si le mot « écoute » semble être un mot clé pour l'accompagnant, une condition nécessaire, encore faut-il en préciser les nuances et les limites et constater qu'elle n'est pas suffisante. Entre écoute et analyse, les ateliers ont contribué à préciser cette posture particulière.

Qui écoute quoi ?

L'accompagnant est à l'écoute des innovateurs actifs. Écoute de leur besoin d'aide, de leur besoin d'être reconnu et valorisé. Écoute de leurs projets, de leurs difficultés ; de conflits parfois, des réalisations, des réussites ou des échecs. Mais il écoute également leur silence, et les silencieux ; il écoute le non-verbal. Cela nécessite qu'il acquière des compétences pour observer ces messages et ces signaux, « pour être présent sans être pesant ».

La posture de l'écoutant est très différente de celle d'un enseignant dans la classe. L'accompagnant lui, ne sait pas, il demande qu'on lui raconte l'histoire du projet et son développement. Il n'a pas à jouer le rôle de celui qui ne sait pas, car il ne sait pas. Il questionne pour avoir des précisions sur l'origine, sur les circonstances, les faits, les actions... et ces questions vont permettre d'enrichir et d'expliciter. L'écoute active est facilitée parce qu'elle n'est pas parasitée par des savoirs déjà en place. C'est une relation adulte-adulte et non une relation adulte-enfant. Une question récurrente est de savoir s'il est plus difficile de se positionner face à une équipe d'adultes que face à des élèves.

Écouter, pourquoi ?

D'abord pour se faire accepter soi-même, en tant qu'accompagnant et pour cheminer avec les acteurs. Écouter, se décentrer de soi pour aller vers les autres contribuent à créer un climat de confiance, indispensable à la valorisation des équipes, pionnières parfois. L'accompagnant peut se trouver confronté à leurs peurs, ou du moins à leurs inquiétudes, leurs incertitudes, leurs doutes. Or, au début tout au moins, il n'est pas ressenti comme un pair : il est envoyé par l'institution. Il doit donc s'efforcer de faire sa place dans l'équipe, de rassurer. La façon dont il se présente, se définit, se positionne et exprime ce qu'il est face au groupe influe sur l'écoute et sur le climat de confiance qui se crée. L'être autant que le paraître est déterminant pour la bonne écoute et permet le « racontez-moi » sans *a priori*.

Écouter également, pour comprendre le contexte dans lequel se fait l'action innovante, contexte qui est évoqué souvent par bribes. L'histoire de l'établissement, celle du groupe, ne sont pas toujours connues au départ. C'est souvent au travers d'implicites, d'observations qu'elles se découvrent à l'accompagnant.

Écouter, enfin, pour aider le groupe à prendre de la hauteur par rapport à sa tâche, pour qu'il se décentre à son tour de ses réalisations, de ses difficultés ou de ses réussites. L'accompagnant est donc quelqu'un qui écoute les récits des innovateurs, les aide à les transformer en discours plus distanciés, moins chargés émotionnellement, jusqu'à ce qu'ils deviennent des expériences communicables à d'autres, eux-mêmes en quête d'idées pour innover à leur tour.

Qu'est-ce qu'« écouter » dans ce contexte ?

On pense à « l'écoute active » dans la définition rogérienne [69] : rester à la fois proche du groupe et suffisamment extérieur, dans une position d'observation et de compréhension… Comme le rappelle Colette Portelance [70], « l'intervenant centré sur la personne se reconnaît par son attitude empathique, congruente et acceptante : attitude empathique en ce sens qu'il est capable de suivre et de respecter le cadre de référence de l'aidé ; attitude congruente parce qu'il sait être attentif à ce qui se passe en lui-même ; attitude acceptante au sens où il accepte inconditionnellement l'"autre" tel qu'il est ».

Se mettre en empathie : aller vers le groupe, tout en gardant la distance nécessaire pour ne pas entrer en fusion avec lui. L'important est moins, de savoir dire, que de savoir accepter de laisser parler : laisser parler des faits et des événements ; du vécu et des ressentis ; mais également sentir lorsque cette parole le ramène aux événements de sa propre histoire, pour mieux s'en distancier. Une des difficultés de l'accompagnement, c'est accepter de se taire à certains moments car le silence est un support pour une pensée qui s'élabore.

L'accompagnant doit s'efforcer de développer une sorte de neutralité bienveillante, de se couper de ses *a priori*, de ses préjugés qui risquent de le fermer aux différences entre les autres et lui-même, pour s'ouvrir aux autres.

69. Rogers C., *Le Développement de la personne* et *Liberté pour apprendre ?*, *op. cit.*

70. Portelance C., *Relation d'aide et amour de soi*, Montréal, Éditions du Cram, 1999.

Les conditions de l'écoute

Quels outils peuvent aider l'accompagnant à garder cette juste distance, cette empathie, et la manifester au groupe ?

L'accompagnant n'est pas un simple animateur du groupe. Sa position d'écoute et d'observation est suivie de reformulation qui permet aux accompagnés d'y voir plus clair. Il renvoie les messages reçus, pour un effet miroir qui peut faire réagir les participants et leur permettre d'approfondir. Sa naïveté sur le sujet est d'ailleurs un atout intéressant parce qu'elle oblige à faire expliciter, à questionner les évidences. Cette reformulation donne aussi le sentiment aux accompagnés d'être respectés, de rester maîtres de la situation. En faisant émerger le positif, l'accompagnant aide l'équipe à retrouver du plaisir.

Créer une capacité d'écoute mutuelle est une autre nécessité. L'accompagnateur ne confisque pas le pouvoir d'écouter. Il serait dangereux de déléguer l'écoute à quelqu'un d'extérieur qui empêcherait le groupe de s'écouter. Pour éviter la position de chef et pour que chaque personne s'exprime totalement sur le projet, il est intéressant de créer une interactivité durable en sollicitant une personne contact différente à chaque fois. L'écoute devient ainsi une capacité collective : c'est un groupe qui écoute.

Écouter, créer un climat de confiance, être en empathie, ne se fait, selon Thomas Gordon[71], que si on écarte certaines attitudes de jugement, de moralisation, des certitudes assénées, un questionnement inquisiteur, le conseil… Le conseil, en effet, est délicat à manier : parfois bienvenu, il peut être aussi mal accepté, lorsque les personnes cherchent à trouver par elles-mêmes leurs solutions. Il vaut donc parfois mieux l'éviter, et aider l'équipe à aller sur la voie de sa propre solution. De même le questionnement doit rester à la bonne distance, ne pas tomber dans l'enquête ou l'investigation, rechercher le « comment » bien plus que le « pourquoi »…

En créant les bonnes conditions d'écoute, l'accompagnateur entraîne le groupe à l'analyse et par son questionnement, lui renvoie la tâche de penser. L'écoute provoque la narration, la reformulation entraîne vers l'analyse : avoir bien entendu, autorise à faire des propositions. L'accompagnement se situe à l'intersection entre écoute et analyse.

Analyser, pour qui ?

L'analyse sert d'abord aux accompagnés eux-mêmes et l'objectif de l'accompagnement est bien d'aider les équipes à sortir du faire, de l'action, à prendre du recul. Il y a une interaction dans l'analyse, une co-construction entre les accompagnés et l'accompagnant qui devient lui-même participant du groupe et force de proposition.

71. Gordon T., *Enseignants efficaces : enseigner et être soi-même*, Montréal, éd. Le Jour, 1981.

L'analyse est alors facilitée par l'accompagnant qui, par des suggestions, conduit l'équipe à sortir de son action, à se décentrer pour analyser sa propre pratique. La simple présence des deux pôles dans l'échange amène l'autre partie à s'analyser. La narration, la reformulation, le questionnement sont déjà des éléments sur la voie de l'analyse, de l'extériorisation. Les outils d'analyse sont utilisés par chacun en fonction de ses propres référents : analyse psychologique, sociologique, philosophique, pédagogique, humour... point de vue décalé qui peuvent affiner la réflexion. Toutes les techniques sont à disposition.

Comment l'accompagnant peut-il contribuer à faire avancer l'analyse ? Quelles aides peut-il apporter ? Au départ, l'accompagnant est souvent appelé sur un projet qui n'est encore qu'une idée assez vague, peu concrétisée, mal finalisée. L'aide consiste alors à la formalisation et à la mise en place. Les discussions avec l'accompagnant peuvent permettre à la réflexion autour du projet, d'avancer, d'ouvrir des axes de recherche, des questions. L'accompagnement a une fonction formatrice qui structure le fonctionnement du groupe.

L'accompagnant se retrouve ensuite engagé dans les phases de déroulement de l'action, avec des temps de rencontre qui conduisent à l'analyse. Enfin, il est une ressource dans l'aide qu'il apporte à l'écriture, moment difficile et délicat parfois. Dans toutes ces phases, l'accompagnement aide les accompagnés à faire une lecture de leur parcours pour en dégager les points forts et les compétences en jeu, les difficultés, les erreurs. La parole naissante, le discours hésitant, inachevé, les zones d'ombre sont utiles à la progression du groupe. Ils constituent le matériau avec lequel travaille l'accompagnant.

Accompagner une équipe et créer un climat de confiance, permettre une analyse dans le respect des uns et des autres et de la parole de chacun se font difficilement sans un cadre. Au minimum, le cadre comporte une durée, un rythme, un calendrier, des temps de rencontres mais il est aussi le cadre de l'écoute, sans jugement, et dans l'acceptation des différences, que l'accompagnant doit s'efforcer de faire naître entre les participants eux-mêmes.

Peut faire partie de ce cadre, et de l'aide à l'analyse et à l'écriture, le renvoi régulier des notes, comptes rendus, propositions, par l'accompagnant, ou à tour de rôle par exemple, par les membres de l'équipe. Il est indispensable de garder des traces écrites des rencontres. Elles renseigneront les absents et serviront de base de travail pour la monographie. Elles représentent l'histoire vivante de l'équipe dont le travail au jour le jour est valorisé. Enfin, ce cadre est aussi celui d'un contrat avec l'institution. Il convient donc de penser à l'écoute des demandes de notre administration ; il appartient à l'accompagnant de rappeler les termes de ce contrat, en matière de calendrier, d'écriture, et de s'assurer que les équipes innovantes perçoivent bien la rémunération qui leur est due.

Que faire lorsque l'accompagnant n'est pas en phase ou en accord avec l'équipe ? Lorsqu'il aimerait privilégier une piste que les intéressés refusent ? S'il a une attitude autoritaire ou directive, il risque de se couper de cette équipe ; et déontologiquement, est-il souhaitable qu'il impose ses vues ? Il s'agit de faire émerger l'analyse d'un groupe. Lui n'est là que pour apporter une aide, une contribution extérieure. Il se doit de suivre la pensée et la parole des auteurs de l'action. Sa position décentrée ne l'autorise pas à avoir des projets pour l'autre. D'ailleurs le groupe peut refuser les propositions qu'il fait ; il doit savoir accepter que l'équipe lui dise non. Comme l'écrit Carl Rogers dans les *Groupes de rencontre*[72], il ne devrait pas y avoir « de but spécifique pour un groupe particulier », mais simplement le désir « sincère que le groupe définisse lui-même ses orientations ». L'accompagnant est « responsable devant les participants mais pas responsable d'eux ».

L'écoutant-accompagnant a donc intérêt à travailler le lâcher prise, pour ne pas risquer de prendre le pouvoir et imposer ses idées contre celles de l'équipe. Lâcher prise, c'est-à-dire savoir abandonner ce à quoi on tient, ses propres désirs, ce qui n'a plus lieu d'être, la volonté de contrôler et laisser la place à autrui pour qu'il trouve lui-même ce qui lui convient. Par ailleurs, l'accompagnant peut lui-même rencontrer des difficultés dans la gestion de l'équipe. N'y a-t-il pas des rivalités à l'intérieur du groupe ? Est-il toujours bien intégré ? Est-il parfois en butte à l'agressivité ? Comment relancer la motivation lorsqu'une démobilisation est perceptible ? Où a-t-il échoué ?... Autant de questions qui peuvent poser problème.

N'est-il donc pas intéressant sinon nécessaire, que l'accompagnant puisse être accompagné à son tour, dans un groupe, en supervision, pour analyser professionnellement son vécu, ce qui s'est passé dans sa conduite de réunions, dans son accompagnement ?

L'accompagnant doit se construire de nouvelles compétences :
- se former à l'écoute active ;
- travailler sur le lâcher prise ;
- témoigner de son écoute par des renvois réguliers d'écrits ;
- savoir organiser le cadre ;
- animer une équipe.

Que ce soit par sa seule présence, son écoute active, les traces écrites qu'il en garde, ou ses apports en termes de méthodologie (du travail en projet lui-même, de l'écoute et de l'observation des procédures et processus en jeu en équipe), l'accompagnant d'une équipe, qui doit rester dans un cadre strict, a un rôle déterminant tout au long de l'innovation en cours. Cette innovation reste cependant l'œuvre d'un groupe, accompagné dans une atmosphère bienveillante et non compatissante, tant dans les phases de succès que dans celles de doute ou de désaccord.

L'accompagnement, raisonnable et chaleureux, doit permettre aux uns et aux autres de trouver et garder la motivation nécessaire pour aboutir et produire, faire vivre les projets lancés et écrire les monographies, faire avancer les innovations au service de l'évolution des pratiques de classe et comme alternative à la pédagogie traditionnelle.

72. Rogers C., *Groupes de rencontre*, Paris, Dunod, 1971.

L'accompagnant : entre écoute et analyse

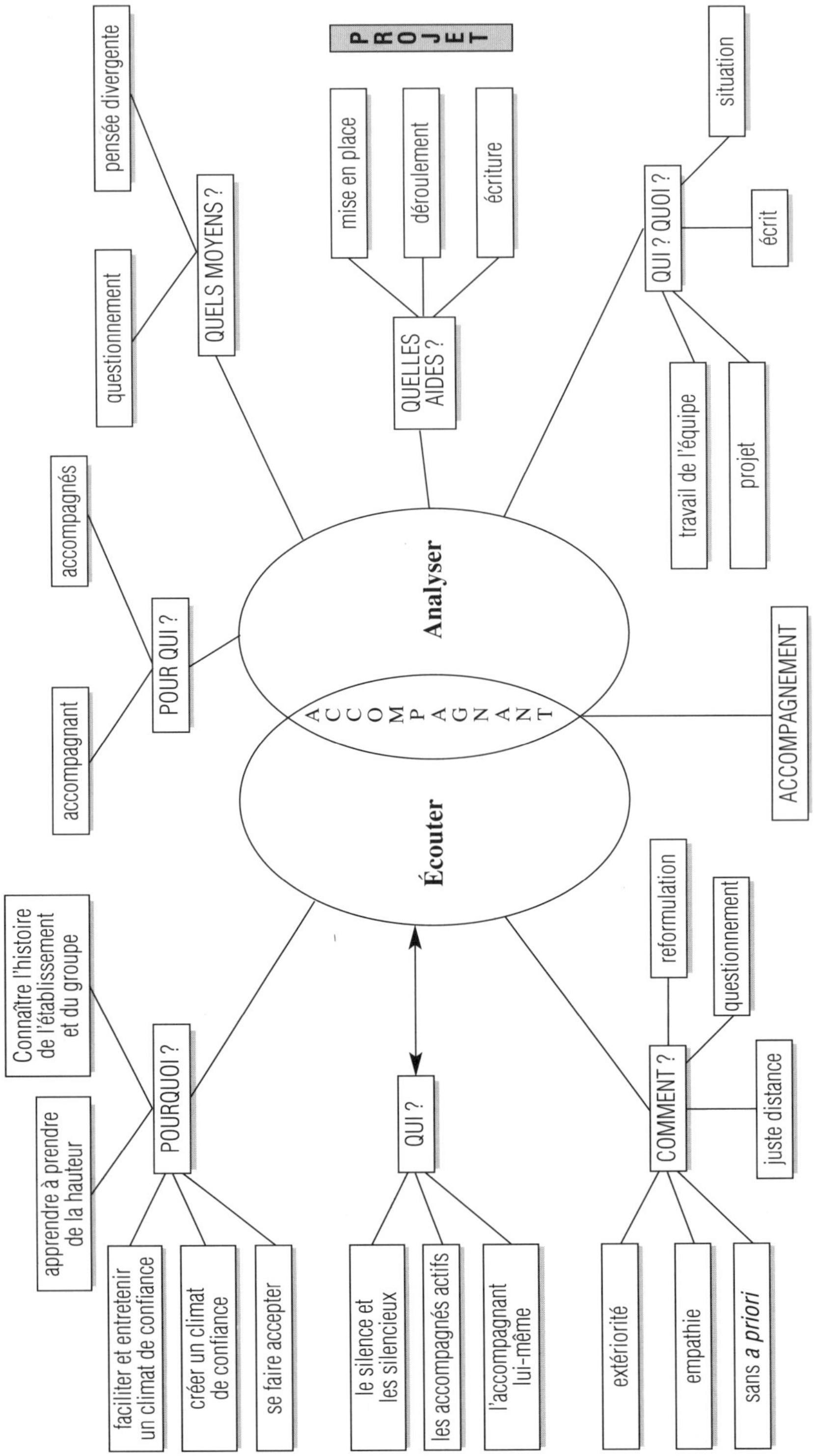

En guise de conclusion...

– savoir aller vers l'autre,
– savoir être chaleureux,
– savoir offrir son empathie,
– savoir prendre son temps,
– savoir établir la confiance,
– savoir devenir Pygmalion,
– savoir parier sur la richesse de l'autre,
– savoir être non directif,
– savoir lâcher prise,
– savoir ne pas créer de dépendance,
– savoir faire le deuil de sa toute-puissance,
– savoir faire dire,
– savoir se taire,
– savoir penser sans prendre position,
c'est déjà être dans l'écoute et l'accompagnement.

L'accompagnement est un humanisme

Jean-Paul Udave, adjoint au délégué académique à la Formation de personnels et à l'innovation, académie de Montpellier

Ces réflexions prolongent celles qui ont été amorcées au cours des travaux de l'atelier « Posture, déontologie, éthique de l'accompagnement », co-animé par Jean-Paul Udave et Patrick Robo, chargé de mission à l'IUFM de Montpellier.

Les paradoxes de l'accompagnement

Avant d'envisager la spécificité de l'accompagnement des innovations et singulièrement du dispositif mis en place dans l'académie de Montpellier, nous allons essayer de montrer le caractère paradoxal de toutes les formes d'accompagnement.

Une relation égalitaire mais asymétrique

L'accompagnement est le plus souvent conçu comme une relation unissant deux personnes, fondée sur la liberté des deux contractants, et notamment de l'accompagné. C'est lui qui doit en être à l'origine en exprimant la demande ; il peut à tout moment la révoquer et participe à la définition de ses objectifs et de ses modalités. Ce libre choix de l'accompagné est la garantie d'une relation paritaire. L'accompagnement ne se conçoit alors qu'en dehors d'une relation hiérarchique, voire d'une relation institutionnelle. On n'imagine pas un chef d'établissement ou un inspecteur accompagner une équipe placée sous son autorité hiérarchique. L'accompagnement exige extériorité et neutralité. Ainsi, l'accompagnement lierait deux pairs, l'un simplement plus expérimenté, accompagnant l'autre sur le chemin de la réalisation de son projet, dans une relation d'égalité.

Ce paradigme idéal cache mal une relation asymétrique sinon inégalitaire. La relation, en effet, est déséquilibrée entre un « professionnel » et un « bénéficiaire »[73] : l'un apporte, l'autre reçoit ; l'un contrôle, l'autre est dépendant ; l'un est rémunéré, l'autre peut être pris en charge par une institution. Pour l'un, il s'agit de recevoir une aide pour surmonter une difficulté ou une faiblesse ou tout simplement avancer, progresser ; pour l'autre, de mettre en œuvre des compétences professionnelles.

73. Pour reprendre la terminologie de Jean-Pierre Boutinet dans l'article « Questionnement anthropologique autour de l'accompagnement », *L'Accompagnement dans tous ses états*, Arcueil, éd. Éducation permanente, 2002-4, n° 153.

L'accompagnement peut se définir comme une forme d'intervention, inscrite dans la durée, reliant un accompagnateur et un accompagné dans une relation d'aide, visant à favoriser la réalisation d'un projet personnel ou professionnel, à développer des compétences nouvelles, ou à surmonter une difficulté. Il repose donc sur un déséquilibre fondamental : une personne compétente apporte à une autre personne – ou à un groupe – une aide dans le franchissement d'une période délicate. De ce point de vue, il s'agit bien d'une relation asymétrique.

Comment surmonter ces positions contradictoires ? L'accompagnement relève-t-il de la parité ou de l'inégalité ? Il s'agit d'accompagner une personne ou un groupe « en chemin » (n'accompagne-t-on pas un enfant à l'école ?), cette relation nécessite donc, sinon le volontariat, du moins l'acceptation du bénéficiaire. Elle a pour enjeu la (re)construction identitaire de l'accompagné : accepter sa maladie, décrocher un nouvel emploi, acquérir de nouvelles compétences, etc., autant de changements qui ne s'accomplissent pas sans transformations de l'image que l'on a de soi. Elle prend fin avec la réalisation du projet. Derrière cette définition assez générale se glissent des formes très diverses d'accompagnement: l'accompagnement des personnes malades, âgées, ou en fin de vie a ses propres spécificités qui le distingue de l'accompagnement de personnes devant reconstruire ou réorienter leur itinéraire professionnel (chômeurs par exemple).

L'asymétrie transparaît dans les statuts et les rôles différents de l'accompagnant et de l'accompagné. Mais, la parité se lit dans l'activité et l'autonomie du sujet accompagné qui sont la finalité de l'accompagnement. Celui-ci s'inscrit, en effet, dans une perspective humaniste. Il vise à restaurer l'humain dans l'humain, à développer la dignité, l'autonomie, la confiance en soi, les compétences. Ses valeurs visent à faire de l'accompagné un être humain accompli qui ne peut être que l'égal de l'accompagnateur.

Il ne s'agit donc pas d'une contradiction surmontable, ou apparente. Cette relation complexe se définit par ce paradoxe : elle est asymétrique et paritaire. Elle est structurellement inégalitaire mais répond à une exigence éthique d'égalité. Pour tenir sur ce postulat paradoxal, sans dévier vers la dépendance, le cynisme ou le conflit, l'accompagnement ne saurait se passer d'un cadre déontologique, d'exigences éthiques, d'autant plus que l'accompagnement se définit également par une posture paradoxale.

Une posture paradoxale

La posture de l'accompagnant sur laquelle on insiste régulièrement quand on veut définir la relation d'accompagnement, ne se laisse pas appréhender facilement. Il est plus facile de dire ce qu'elle ne doit pas être, ou de la définir par opposition à d'autres formes d'interventions plus classiques. On ne s'interroge généralement pas sur ce qui fait évidence, la posture du formateur par exemple, ou celle du chercheur, de l'expert, de l'auditeur, du conseiller, de l'évaluateur, etc. Chacun de ces rôles renvoie à des postures plus ou moins bien définies mais pour lesquelles peut se dégager un certain consensus. Clarifier la posture de l'accompagnement entraîne donc à chercher ce qu'elle peut avoir de commun ou de distinct avec des fonctions qui entretiennent avec elle une certaine proximité. En ce sens on pourrait être tenté d'affirmer qu'accompagner c'est former, expertiser, évaluer, conseiller, intervenir, auditer, etc. [74] ou plus exactement que le champ de l'activité de l'accompagnement recoupe ceux d'autres formes d'interventions sociales mais sans se confondre avec eux.

La difficulté à définir la posture idéale de l'accompagnement tient à cette nature protéiforme : l'accompagnateur doit savoir incarner tour à tour chacune de ces postures sans jamais pouvoir se fixer sur l'une d'elle. Le propre de la posture accompagnante consisterait alors en une navigation entre des postures différentes.

Ainsi en est-il de la distance. Ni proche, ni lointain dit-on souvent, l'accompagnant doit savoir choisir la distance idéale qui est celle de l'empathie. De fait, l'observation de situations d'accompagnement souligne la « mobilité » des deux partenaires l'un par rapport à l'autre : tantôt éloignés, tantôt proches ; la distance varie selon les situations, la personnalité des accompagnés (et celle des accompagnants), leurs demandes et leurs besoins. Elle varie également dans le temps, en fonction des exigences du moment. La compétence de l'accompagnateur passe par la maîtrise de cette flexibilité, par un ajustement constant. De même, l'accompagnement peut être considéré comme une forme spécifique d'intervention auprès d'une personne, d'une équipe ou d'une organisation. Cependant l'accompagnateur doit moduler son degré d'intervention, passer de la simple présence (être là, attentif, écouter, observer, sans avoir même à prendre la parole sur ce qui se dit ou se fait, ce qui peut en soi constituer une aide efficace), à une présence plus active : reformulation, questionnement, informations, propositions, etc. Il faut aussi naviguer entre ce qu'impose l'exigence de respect et de bienveillance à l'égard des personnes et des projets, ce qui se traduit par compréhension (au sens rogérien[75] du terme) soutien, tolérance, etc. et l'impératif d'authenticité qui exclut toute démagogie.

D'autres couples d'attitudes opposées, entre lesquelles l'accompagnateur devrait savoir fixer son cap, pourraient encore être mis en évidence. Ces exemples suffisent cependant à montrer que le paradoxe est au cœur de la posture de l'accompagnement. Et il ne saurait en être autrement d'une forme d'intervention inscrite dans la complexité des situations individuelles et collectives. Dans chacune de ces situations, la « navigation » exige des compétences fines d'observation, et d'analyse des projets, des équipes, des situations, des enjeux. Elle requiert une capacité à analyser les demandes, à faire émerger des besoins et à négocier des modalités et des objectifs à l'accompagnement. Revendiquer la fonction d'accompagnateur suppose un haut degré de professionnalisme ; les bonnes intentions humanistes ne suffisent pas. Ce professionnalisme garantit le respect des valeurs de l'accompagnement, il permet la navigation nécessaire, l'adoption d'une posture complexe, adaptable.

74. Voir l'article de Michel Lecointe « S'asseoir pour se regarder… conseiller (expertiser, évaluer, intervenir…) », consultable sur http://www.ac-toulouse.fr/innovalo/MLecointe1.pdf

75. Rogers C., *Le Développement de la personne* et *Liberté pour apprendre ?*, *op. cit.*

L'accompagnement des équipes innovantes

Lorsque l'accompagnement est réalisé dans le cadre de la formation professionnelle, il présente des caractères originaux : l'accompagné n'est pas forcément en position de faiblesse et l'accompagnement loin d'être subi, peut être souhaité. Le volontariat est alors une condition incontournable de l'accompagnement. Il a pour objectif un développement de compétences professionnelles qui nécessite souvent une recomposition de l'identité professionnelle du sujet accompagné.

Dans l'académie de Montpellier, la délégation académique à la formation des personnels et à l'innovation (Dafpi) est chargée de mettre en œuvre la politique de soutien à l'innovation. Elle a mis en place un réseau de conseillers en formation et innovation (CFI), chargés notamment de repérer et d'accompagner les équipes innovantes. Un appel à initiatives incite les équipes à faire connaître leurs projets et leur propose un contrat : un travail d'analyse des pratiques et d'écriture est rémunéré. L'acceptation du contrat implique l'acceptation de l'accompagnement par le CFI du bassin dans lequel exerce l'équipe innovante.

Présenté sous cette forme, l'accompagnement mis en place pourrait apparaître comme un déni de l'accompagnement. Les bénéficiaires du contrat ne peuvent être rémunérés pour un travail d'écriture que s'ils acceptent un accompagnateur qu'ils ne peuvent choisir. On peut considérer que leur consentement est « forcé ». De surcroît, l'accompagnateur est une figure institutionnelle. Recruté par la Dafpi, un service rectoral, il a reçu une lettre de mission du recteur. Il siège dans les réunions de bassins, prend part à l'organisation des actions de formation dans les établissements... Il peut donc légitimement être perçu comme un représentant de l'institution, même si dans les faits il demeure un personnel détaché pour accomplir cette mission. De fait, il est investi d'un double rôle. D'une part, il est un relais de l'institution, assurant une certaine forme de contrôle et d'évaluation (il transmet les consignes d'écriture et les délais, il relit les écrits et peut suggérer des modifications...). D'autre part, l'institution lui confie une véritable mission d'accompagnement.

Comment peut-il être perçu par les éventuels accompagnés ? Les conditions nécessaires à la mise en place d'une relation d'accompagnement restent-elles réunies ? À y regarder de plus près, cette situation particulière à l'académie de Montpellier, ne s'éloigne pas fondamentalement du paradoxe inhérent à toute relation d'accompagnement. Il n'en est qu'une figure singulière.

Il s'agit à nouveau d'une relation asymétrique mais paritaire. L'asymétrie entre le CFI et les personnels accompagnés transparaît dans le positionnement institutionnel de l'accompagnateur. Mais la communauté de statut [76] entre les uns et les autres ainsi que la finalité assignée à l'accompagnement (autonomie, réalisation d'un projet conçu par les accompagnés...) attestent de la parité. Par ailleurs, les personnels accompagnés ne sont pas dans une position de faiblesse et d'infériorité comme peuvent

76. Les CFI sont des personnels enseignants ou Atos, détachés à mi-temps. Ils partagent donc une proximité de statut avec les personnels qu'ils accompagnent.

l'être les accompagnés dans certaines formes d'accompagnement : malades, chômeurs, etc.

Les deux termes de ce paradoxe consubstantiel à l'accompagnement ne peuvent co-exister que si celui-ci se déroule dans une relation contractualisée, en référence à un code déontologique et si l'accompagnateur inscrit son intervention dans un idéal éthique et humaniste. C'est à cette condition qu'il peut échapper aux dérives qui le menacent : inefficacité, relation de pouvoir, manipulation, interventionnisme, etc.

De la déontologie à l'éthique

Pour un cadre déontologique

Le cadre déontologique relève de décisions extérieures aux personnes qui incarnent le couple de l'accompagnant et de l'accompagné. Il s'impose à eux. Il préexiste à la relation d'accompagnement qu'il fonde et pour laquelle il fixe un cadre institutionnel. Cet ensemble de règles doit être défini par l'institution qui en est à l'origine. Non seulement l'institution – quelle qu'elle soit – en est l'initiatrice mais aussi la garante. Elle a le pouvoir et la responsabilité de désigner ceux qui reçoivent la mission d'accompagner. Elle doit s'assurer de leur compétence, de leur formation et de l'encadrement de leur action. Elle ne peut se dérober à cette responsabilité morale.

Elle doit donc fixer le cadre dans lequel s'exerce l'accompagnement, ses objectifs, sa durée, ses moyens, etc. Ce cadre a notamment pour objectif de s'assurer que cette relation reste une relation fondée, sinon sur un volontariat spontané, du moins sur une pleine et entière acceptation.

C'est dans cet esprit qu'a été défini, dans l'académie de Montpellier, un cadre pour l'action des CFI. Leurs missions sont d'abord définies par une « lettre de mission » publique, signée du recteur. Elles s'inscrivent dans le cadre d'un service académique auquel il est toujours possible de faire appel. Les équipes postulant à une contractualisation sont clairement informées, par plusieurs canaux, que l'accompagnement par le CFI du bassin fait partie intégrante de la contractualisation. Ainsi, avant même de déposer un dossier, chacun connaît la nature de l'accompagnement et du contrat proposés. L'institution assure son devoir d'information des éventuels accompagnés.

Pour un véritable contrat

Après la procédure de validation, la relation d'accompagnement est précisée par un contrat signé par les différents partenaires et définissant les engagements des différents protagonistes (voir annexe 5). La notion de contrat ne doit, en effet, pas rester un mot abstrait. Elle doit symboliquement et solennellement s'incarner dans un écrit. Ainsi, chacun peut-il connaître les attentes réciproques : celles des accompagnés, celles de l'accompagnant, celles de l'institution commanditaire. Les engagements réciproques y figurent ainsi que la durée du contrat.

Pour les contrats de production d'écrits innovants signés à Montpellier, on en est progressivement venu à fixer non seulement la nature et l'importance de l'écrit attendu, sa rémunération, le principe de l'accompagnement mais aussi ses modalités pratiques : objectifs, rôle du CFI, calendrier des réunions entre l'équipe et le CFI, participation à des rencontres de réflexion et de mutualisation, etc. Ce qui peut paraître comme un carcan pesant est en fait le cadre qui autorise la construction d'une relation de confiance, inhérente à l'accompagnement. Il est le point de départ d'explications réciproques sur le rôle de chacun, ses attentes et la nature de la contractualisation. Il permet la transparence nécessaire, la compréhension mutuelle, les négociations qui permettent d'adapter un contrat type à chaque situation.

Le contrat n'a pas pour objectif d'enfermer la relation dans une stérile toute-puissance bureaucratique, mais de créer les conditions pour qu'elle se libère des non-dits, des équivoques, des suspicions. Il doit viser l'épanouissement de la relation d'accompagnement au bénéfice des accompagnés, de leur projet, de leur autonomie, et, *in fine*, de leurs élèves. À ce titre, il peut d'ailleurs être évolutif et peut s'inscrire dans un cadre plus général définissant les règles déontologiques s'imposant aux accompagnateurs.

Pour une charte de l'accompagnement

Le contrat ne s'applique qu'à une relation singulière. Il est souhaitable qu'il s'insère dans un cadre déontologique plus large qui peut être apporté par une charte. Celle-ci peut se donner pour objectif de fixer des règles générales, des principes, des valeurs fondatrices de l'accompagnement, à l'instar d'un « code de bonne conduite ». Il ne s'agit pas simplement de fixer quelques grands principes applicables à toutes les formes d'accompagnement. Le champ d'usage du signifiant est si large qu'il finit par désigner des pratiques fort éloignées les unes des autres. Il importe donc de se centrer sur un type d'accompagnement précis.

L'idée d'une charte propre à l'accompagnement des équipes innovantes a cheminé progressivement au cours des travaux d'atelier. Une ébauche a été esquissée dont chacun s'accordait à penser qu'il était nécessaire de la reprendre, de l'amender, de la discuter, de la compléter (voir annexe 6). Elle vise à clarifier les finalités de l'accompagnement et à préciser les rôles, les droits et les devoirs des partenaires.

Au-delà de son caractère inachevé, elle affirme quelques grands principes garantissant les droits des accompagnés (libre acceptation, droit de refus, transparence et information, possibilité de négocier les objectifs et modalités, etc.). La nécessité d'un cadre interindividuel et institutionnel (durée...) propose le concept d'une double loyauté de l'accompagnant due aux accompagnés et à l'institution. Elle précise la posture : centration sur les besoins des accompagnés et sur leur projet, relation non hiérarchique, etc.

Au total, lettre de mission, contrat et charte peuvent permettre de définir un ensemble de règles morales régissant l'exercice de l'accompagnement. Mais ce travail de codification, extérieur aux individus risque de n'être qu'une référence formelle s'il n'est pas assorti d'une réflexion personnelle. C'est un travail d'élaboration de valeurs et d'exigences éthiques propres à l'accompagnement. En effet, tout code déontologique contient en lui-même ses propres limites et il ne peut être le viatique universel capable d'indiquer la marche à suivre dans des situations qu'il ne peut toutes prévoir. Il importe donc de favoriser une réflexion préalable des accompagnateurs afin de leur permettre de se créer des points de repères internes, une morale personnelle de l'accompagnement. Cette morale autonome (au sens étymologique du terme, c'est-à-dire d'intégration personnelle de la loi) peut se construire dans une réflexion collective.

La constitution d'une équipe d'accompagnateurs, fonctionnant en réseau, multipliant les échanges et analysant collectivement ses pratiques est propice tant à l'élaboration d'un code commun, qu'à la construction d'une éthique personnelle. Ces temps de régulation peuvent se doubler de formations qui tendent, elles aussi, à la professionnalisation de chacun des membres de l'équipe. C'est en référence à ce modèle que fonctionne le réseau des conseillers en formation et innovation de Montpellier. Il incombe, en effet, à l'institution qui initie la relation d'accompagnement, de permettre aux accompagnateurs de se former tant par des interventions théoriques, que par un travail d'analyse des pratiques qui s'apparente à une supervision. Ce travail de formation doit favoriser l'acquisition des compétences spécifiques [77] et l'élaboration d'un idéal éthique de l'accompagnement.

Valeurs et exigences éthiques

Par opposition à un code déontologique externe, valeurs et exigences éthiques sont à puiser au cœur du sujet : il s'agit de ressources morales internes. Cette recherche peut s'orienter dans trois directions.

Les deuils nécessaires

L'accompagnement est une école de l'humilité. Accompagner exige un certain nombre de renoncements puisque par définition ce n'est pas l'accompagnateur mais l'accompagné qui est au centre de l'accompagnement.

Le premier deuil à faire concerne la tentation du pouvoir et celle de la toute-puissance. L'accompagnateur est souvent un spécialiste de la conduite de projet et du travail en équipe. Son expérience en la matière et son extériorité peuvent l'amener à voir plus facilement que ceux qu'il accompagne les solutions aux problèmes qu'ils rencontrent. La tentation est grande de proposer trop vite des solutions, de se mettre à la place ou de vouloir faire avec l'équipe concernée. Il est difficile de renoncer à vouloir avoir une influence directe sur le projet, d'accepter les pertes de temps, les reculs, les imperfections, l'échec même. Il est difficile de ne pas se substituer aux autres. Néanmoins, c'est une exigence éthique incontournable. Y renoncer, c'est renoncer au principe même de l'accompagnement.

Autre deuil nécessaire, celui de la pure rationalité. Les relations humaines relèvent de la complexité. La vie des équipes, des projets, les relations

77. Abordées dans l'article de Marie-France Ferrer et de Christianne Koberich, « L'accompagnement : entre écoute et analyse », p. 63.

accompagnés-accompagnants n'y échappent pas. Elles n'obéissent pas toujours aux lois de la raison. Il faut savoir ne pas l'oublier.

Enfin, si de prime abord, il peut sembler légitime d'attendre de la reconnaissance de la part des accompagnés, quand, au terme du contrat, on a le sentiment de les avoir aidés à accomplir un bout de chemin, il ne faut pas oublier qu'on agit dans le cadre d'une relation professionnelle, et que sur le plan affectif, les accompagnés ne doivent rien à leur accompagnement.

L'accompagné au centre de l'accompagnement

Ces « deuils » signent la posture de l'accompagnement. Ils la distinguent d'autres formes d'intervention. Ils permettent la centration sur l'accompagné qui est un travail d'empathie. L'empathie, au sens rogérien du terme, n'est pas seulement un ensemble de techniques permettant de comprendre l'autre et de communiquer avec lui, elle est aussi une attitude morale et philosophique, une conception de l'humain. Elle postule la capacité en chaque être humain, à trouver au profond de lui, les ressources pour surmonter ses difficultés. L'aide extérieure n'est qu'une aide à la prise de conscience, à la prise de décision.

Cette exigence éthique donne tout son sens à ce que Rogers nomme « une attitude positive inconditionnelle ». L'accompagnateur s'interdit tout jugement de valeur, il est guidé dans sa relation par une exigence de respect de l'autre et de tolérance. Si ces attitudes se révèlent impossibles (pour diverses raisons) mieux vaut renoncer à l'accompagnement ou demander qu'il soit réalisé par une autre personne.

Le « postulat d'éducabilité », tel que le définissent les pédagogues, n'est qu'une variante du postulat rogérien. L'éducabilité est un principe éthique. « Rien ne garantit jamais au pédagogue qu'il a épuisé toutes les ressources méthodologiques, rien ne l'assure qu'il ne reste pas un moyen encore inexploré, qui pourrait réussir là où, jusqu'ici, tout a échoué » affirme Philippe Meirieu[78]. C'est donc un regard confiant que porte l'accompagnant sur l'accompagné, propice à nourrir la confiance en soi, l'estime de soi indispensables à la réussite.

Authenticité de l'accompagnateur et travail sur soi

Revendiquer la fonction d'accompagnateur ou d'accompagnant implique un constant travail d'auto-analyse, un retour réflexif sur ses pratiques, dont il est souhaitable qu'il soit lui-même accompagné. Ce travail d'analyse vise à développer ses compétences professionnelles. La compétence est la première exigence éthique que l'accompagnateur doit s'appliquer à lui-même, être capable de s'auto-évaluer, maîtriser sa communication, savoir décrypter les effets de telle ou telle remarque sont autant de compétences indispensables à la posture. Il s'agit d'établir une certaine cohérence entre les principes et les pratiques. Cette cohérence confère une profonde authenticité à la personne de l'accompagnateur, génératrice de confiance indispensable à l'accompagnement.

78. Meirieu P., *Itinéraire des pédagogies de groupe*, Lyon, Chronique sociale, 1984, p. 142.

D'autres qualités indispensables relèvent de la même démarche : transparence, disponibilité, responsabilité. Transparence, par exemple dans l'exercice de la double loyauté (envers l'accompagné et envers l'institution). Il s'agit de ne trahir la confiance ni de l'un, ni de l'autre. Expliquer clairement sa mission contribue à établir cette relation de confiance. La disponibilité est une qualité attendue, qu'il s'agisse de la disponibilité matérielle et temporelle (pouvoir répondre en cas de besoin) ou de la disponibilité d'esprit (avoir la capacité d'être en empathie, pouvoir jouer avec efficacité son rôle de conseil quand cela est nécessaire). Enfin, l'accompagnateur a un devoir de responsabilité morale vis-à-vis de sa mission et des personnes qu'il accompagne. Il lui appartient de faire vivre la relation d'accompagnement en veillant à ce qu'elle ne soit pas dévoyée de sa finalité, dans le constant souci des personnes accompagnées.

Le portrait qui se dégage en filigrane, peut apparaître comme un idéal inaccessible : quel est le professionnel reconnu qui peut se targuer de rassembler toutes ces qualités ? En fait, nous ne visons pas à dresser le portrait-type de l'accompagnateur mais à souligner la dimension éthique de l'accompagnement. Seule cette dimension, apportée aussi bien par un code déontologique que par une quête personnelle, permet de concilier les paradoxes de l'accompagnement.

Pour conclure

« J'ai lu, [...] dans les livres des Arabes, [...] qu'on ne peut rien voir de plus admirable dans le monde que l'homme. » Pic de la Mirandole (*De dignitate hominis*, 1486).

« L'acceptation de la complexité, c'est l'acceptation d'une contradiction, et l'idée que l'on ne peut pas escamoter les contradictions dans une vision euphorique du monde [79]. » L'accompagnement relève bien de la complexité dans le sens où il est une forme d'intervention sociale *a priori* contradictoire. Il conjugue parité et asymétrie. Il vise à l'égalité mais est fondamentalement inégalitaire. Il est vain de chercher un improbable dépassement de ce paradoxe. Une forme d'intervention sociale qui ne serait pas basée sur cette contradiction ne serait plus de l'accompagnement. Reste alors à s'interroger sur les moyens de faire vivre cette contradiction, sur le comment accompagner.

Nous pensons avoir montré qu'un idéal moral enraciné dans un code déontologique et une recherche personnelle permettait de donner du sens à l'accompagnement. La quête morale ne peut y suffire à elle seule (il faut aussi compétence et professionnalisme), mais elle y contribue. L'accompagnement met l'homme au cœur de son ambition. Il rejoint en cela le vieux projet de l'humanisme dont il partage nombre de valeurs. Les réflexions et l'action des humanistes de la Renaissance tendent vers un modèle de perfection humaine (sociale, esthétique, éthique). Aussi modeste soit-il n'est-ce pas aussi, un peu, le projet de toute forme d'accompagnement ?

79. Morin E., *Introduction à la pensée complexe*, Paris, ESF, 1990, p. 86-87.

Les écritures de l'innovation

Salim Mokaddem, professeur de philosophie à l'IUFM de Montpellier

Salim Mokaddem et Christiane Angles-Mounoud ont co-animé des ateliers d'analyses de pratiques au cours du colloque.

> « Langue et style sont des forces aveugles ; l'écriture est un acte de solidarité historique. » Roland Barthes [80]

L'écrit professionnel de formation

L'atelier d'écriture sur les écrits de formation, surtout quand ils concernent l'innovation, a mis au jour des positions et des complexes qui disent les difficultés de donner un sens homogène à une pratique singulière qui mobilise à la fois un registre anonyme (celui de la langue) et une inscription particulière (le style) d'itinéraire *a priori* indécidé. Aussi, les pratiques d'écrits accompagnant les projets d'innovation renvoient-elles à des difficultés qui sont de l'ordre de la finalité de l'écrit (destinataire, commanditaire, récipiendaire), de l'autographie (se dire sans dire ce qui échappe à la fonction de l'écrit professionnel) et de la trace (au sens où tracer, c'est mémoriser, fixer, mais aussi, partir, être itinérant, devenir autre que ce que la trace laisse d'empreintes pour d'autres situés ailleurs que là où je ne serai plus déjà après l'avoir déposé ici).

Que faire de l'écrit professionnel quand écrire signifie produire du sens dans un processus qui me dessaisit de mon désir au profit d'un mouvement dans lequel je deviens écriture moi-même (écrivain, auteur, acteur performant les possibles du langage) si je ne prends garde à la spécificité de ce moment par lequel je me jette dans l'ordre du discours, fût-il écrit, pour je ne sais quelle raison qui me structure plus que je ne la suture ?

Il s'agit de tropes à développer pour faire en sorte que l'écrit puisse servir ; en tout cas, travailler, faire travailler, accompagner ou déserter un temps le quotidien à réfléchir du travail en cours. C'est pour cela qu'il devient étrange, inquiétant, familier, intime, dérangeant, voire un peu fou quand il affole ceux qui s'en remettent à lui pour leur devenir ou pour y voir plus clair. On n'écrit que dans la tourmente ou l'insouciance : cela demande autant de foi que de légèreté. D'où les angoisses de pages blanches ou les désordres stylistiques qui peuvent prendre les formes très conventionnelles des rapports les plus ennuyeux ou les plus enchâssés dans les figures convenues de la maîtrise (graphes, tableaux, camemberts, statistiques qui font écran à ce qui se montre : la peur de ne pas savoir ce que l'écrit révèle comme manque à être).

80. Barthes R., *Le Degré zéro de l'écriture*, Paris, Seuil, 1972, coll. « Points », p. 18.

Peut-être que l'écriture grise est la forme la plus trouble de notre rapport à cette part maudite qui secoue la langue quand elle veut régler de façon académique l'excès qui la commande de l'intérieur depuis la première et sauvage symbolisation de l'*homo scriptor*.

Dans l'atelier d'écriture du colloque de La Grande-Motte d'avril 2002, *Accompagner les innovations*, et précisément lors d'une interrogation sur les rôles de l'écrit dans une démarche d'accompagnateur, est apparu le fait que quelque chose se manifeste dans ce travail graphique qui déroule des identités diverses, ne relevant pas uniquement du « professionnel », se manifestant par des schèmes, des images, voire des fictions, dont les valeurs cognitives et théoriques en matière de vérité ne sont plus à démontrer depuis que la phénoménologie et la psychanalyse ont analysé les corrélations entre voir, savoir, dire, désirer.

Nous allons respecter ces types d'écritures et les logiques qui les promeuvent en ne produisant aucun métalangage qui les disqualifierait en les ramenant à des objets de commentaires ou des thèmes à interpréter du point de vue d'une hauteur qui les inférioriserait de fait. Chacun des « textes » étant à soi-même sa propre glose, son système ou non-système, son repère ou son point de non-retour. Mais écrire a toujours ce prix d'être un peu déporté de ce que l'on pensait être ou dire. Lisons donc, puisque l'écrit veut dire en insistant sur les besoins qui le légitiment.

Le monde imaginal

Entre imaginaire et réalité, le réel de l'écriture

« Le soleil se lève dans le désert (il n'y a plus de points cardinaux) ; aucune aide. Le désert est immense ; fatigue et besoin d'un avion de survol. L'accompagnateur peut être une aide de lecture, de repérage... Solitude optimiste dans le désert difficile à traverser... [81] »

« Homme en noir, cheval noir qui se cabre pour faire un numéro. Combat pour l'information (l'administration n'a pas "descendu" les informations). Le cheval est une bête : nous en sommes l'entraîneur. Que faire ? Que doit-on faire ? Suivre son instinct. Perplexité de l'accompagnateur. On a subi le rôle de l'accompagnateur. »

« Premièrement. Chambre d'enfants en désordre. Mettre en ordre ce projet. Construction du projet innovant : avoir assez de recul pour clarifier le projet. Ordre dans le désordre pour créer l'innovation. Deuxièmement. Torero en jogging qui torée : accompagner, c'est être loin de celui qui torée. »

« Accompagnement : équilibre et déséquilibre sur la patinoire. Un danseur aux grâces féminines entouré d'un accompagnateur qui accepte la prise de risque en glissant autour du danseur. Pour atteindre une altitude, il faut

81. De nombreuses métaphores ont été employées au fil des échanges pour désigner la posture de l'accompagnateur, « l'accompagnateur est-il sur la glace ou sur les gradins ? », « l'accompagnateur : un torero en jogging ». Salim Mokaddem en reprend ici un certain nombre qu'il déploie et commente. (Ndlr)

passer par les glaciers. Innovation : faire prendre de la distance, acquérir une sérénité. Gommer les difficultés du métier. »

« Homme casqué professionnel ; les cheveux dans le désert. Avoir un but – Être outillé. »

« Navigation à vue. Voltige. Méthodologie. Où l'équipe veut-elle aller ? L'innovation comme besoin de savoir où on va. »

« Accompagnateur : celui qui réfléchit, aide à voir, à réfléchir.

Il aide au transfert pour déformer l'image et la donner telle qu'elle peut évoluer. Aide. »

« Lieu de verdure. Accueil d'une équipe. À l'écart de la classe pour apaiser des tensions. Création d'une cohérence. Essayer d'apporter des outils, une aide, des informations officielles, théoriques. »

La multiplicité des approches révèle les entrées très affectives dans les places distribuées par les fonctions d'accompagnement. Comme si écrire ou parler de l'écriture obligeait chacun à mettre à plat l'univers d'ordre, de plaisir, de peur par lequel les mots prennent sens.

L'écrit professionnel n'échappe pas à la loi de la détermination sociale, politique qui confère au langage ses puissances propres :

« Placée au cœur de la problématique littéraire, qui ne commence qu'avec elle, l'écriture est donc essentiellement la morale de la forme, c'est le choix de l'aire sociale au sein de laquelle l'écrivain décide de situer la nature de son langage. » Roland Barthes[82]

L'écriture comme forme de soi en retrait

Portrait de l'auteur par ses fantômes visité

L'écrit, depuis au moins Platon, signifie que la mort demeure plus que le vivant. La philosophie socratique consiste d'ailleurs à mettre l'oral du côté du vif et l'écrit du côté de l'absence, de la mémoire, du deuil, de la perte, de la commémoration justement. La mélancolie de la perte se redouble dans la lettre de la jouissance du rappel mnémotechnique de l'être disparu. Platon, scribe habile et amoureux de Socrate. Les textes scripturaires, bien nommés pour ça, sont les envoyés, messagers, les symboles de l'amour crucifié. Écrire ce qu'on ne verra plus, même une fois, parce que le temps de la mémoire est celui de la représentation qui s'articule sur l'absence définitive du représenté, par définition dans un autre lieu, sur une autre scène, autre pour le dire en langage de la différence : ce dont on parle ne s'écrit que par adresse à des tiers autres que présents, donc situés ailleurs, à proprement parler « étrangers ». Le scripteur est xénophile par essence : il met à distance ce qu'il veut étreindre alors que le tissu, le texte, la lettre lui rappellent sa solitude d'écrivant faisant la recollection de l'action passée. Hegel dit que le savoir est toujours rétrospectif et retardataire : le philosophe, comme la chouette de Minerve, se lève au

82. Barthes R. *Le Degré zéro de l'écriture*, *op. cit.*, p. 19.

crépuscule pour écrire la longue journée d'histoire qui s'est faite sans lui, obligé de peindre du gris sur du gris, parce que la philosophie et son temps d'écriture se font en retard, dans le moment où les hommes ont effectué leur labeur concret et négatif de destruction/construction de la réalité.

L'écriture, travail patient du négatif. Et si la culture de la mort était celle qui produit le plus de restes en termes de demeures paperassières ? Les travaux de Michel Foucault sur les archives révèlent l'ambiguïté de l'écrit qui forge des identités pour mieux procéder à des identifications, tels ces « projets personnels de l'élève » qui servent à exclure de façon autonome l'enfant du tissu « normal », car normé, de l'école.

Écriture et deuil de l'écrit idéal. L'écriture comme travail de deuil. Freud décrit ainsi ce travail du deuil : « La tâche est accomplie en détail, avec une grande dépense de temps et d'énergie d'investissement et, pendant ce temps, l'existence de l'objet perdu se poursuit psychiquement. »

Écrire son action (« innovante »), c'est être dans l'écart entre un vécu et ce qui le désigne, les mots, qui disent d'abord qu'il n'est pas, pas encore ou plus. Au cours de l'atelier M. nous disait : « J'ai perdu le plan, celui que j'avais ne convient plus... » La double conviction, qu'elle a, sans l'avoir voulu, trouvé une réponse didactique grâce à ses élèves à la question de la violence et que le plan prévu pour écrire sur son projet est désormais inadéquat, renvoie pour moi au travail de deuil. Le deuil de l'écrit idéal.

Se mettre à écrire, c'est ne plus refuser ce travail de deuil. « C'est quand les mots nous manquent comme quelqu'un, que la parole comme l'amour, nous vient. » Christiane Angles-Mounoud

Il s'agit bien de cela : de la trace de l'écrit dans la mémoire d'un processus, d'une stratégie, d'un procès qui recherche son procédé, pour qu'un cadre institutionnel (institutionnalisé/institutionnalisant), un cadre théorique et pratique, permettent un consensus collectif négocié de l'écrit. Est-il possible d'écrire à plusieurs sans que chacun écrive seul en son nom ou se métaphorise dans l'écriture hystérique de l'Autre (tel Lacan dans ses écrits jouant à Mallarmé, Joyce, Apollinaire, Hegel, cherchant la fine pointe du stylet dans la plume de son panache) ? Peut-on parler la langue des autres en répétant leur syntaxe, voire leurs mots, en fabriquant le langage de la meute, de la horde, de la tribu justement trop prise dans l'économie de marché des signifiants ? (Combien de livres font dans la reproduction dans tous les sens de l'expression ?) Quelle est la place de l'oral dans l'écrit, du féminin dans le genre, des personnes dans les jeux de masques appris docilement à l'école du grand mimétisme du code, du rapport, de la note de synthèse, du résumé, du dossier, du mémoire... ?

La destitution du langage normé dans la praxis risquée de l'écriture innovante est proprement celle de la distribution, de l'amélioration du mélange, de la désappropriation, de la discontinuité entre le faire et l'écrire, de l'efflorescence, de l'anti-isomorphisme de l'écriture comme rature profonde de surface à effacer pour être lue et non seulement vue ou mise en

83. Miscellanées : « choses mêlées ». (Ndlr)

84. L'Intime/L'Extime, études réunies par Aline Mura-Brunel, *CRIN*, New York, Rodopi, 2002. (Ndlr)

forme. Le langage miscellant[83] de l'écriture suppose cet extime[84] de la langue qui me projette en dehors de toute intimité, de tout recès, de tout foyer fusionnel. Douleur de l'accouchement, bonheur de la libération : écrire n'est jamais sans risque. C'est pour cela qu'on apprend à écrire l'écrit : pour savoir quelles sont les forces en soi à maîtriser pour être accepté dans ce que Foucault[85] nomme l'ordre du discours. Sans même parler du sexe de l'écrivant, de sa position sociale, professionnelle, de sa culture propre, on ne peut toutefois faire l'impasse sur la place politique de l'écriture dans un contexte historique précis : « Il n'est pas douteux que chaque régime possède son écriture, dont l'histoire reste encore à faire. » Roland Barthes [86]

L'écriture suppose donc des conditions extérieures à sa production qui déterminent çà et là son intimité la plus interne. On peut donc supposer que la substance même de sa chair est aussi mouvante que l'est le contexte des savoirs et des pouvoirs, des disciplines, des rapports de force, des enjeux, des intérêts divers, des jeux complexes de la vérité et de la fausseté, des libertés de diffusion, de production, de création littéraire... Tout cela participe d'une micrologique et d'une macrologique des pouvoirs qu'il faut étudier de près pour comprendre ce qu'est un texte dans sa réception et sa sémantique surcodée.

L'écriture de l'innovation

L'écriture comme opération, donc comme travail *(opus)* effectif de sublimation : quitter l'indicible de la praxis pour dire, narrer, fabuler, écrire, c'est-à-dire, produire un tissu d'interprétations ou un discours explicatif ou un langage descriptif qui dit la vérité sous la figure d'un savoir. L'écriture comme écart, distanciation critique, figure objectivante mettant à distance sous la figure du récit le parcours d'innovation pour qu'il soit épistémologiquement fondateur, novateur, pour qu'il fasse sens en vue d'une utilisation ultérieure (les formes de ce recyclage peuvent être variées : pédagogique, autobiographique, littéraire, administrative, etc.). Ce qui veut dire que toute dénotation de l'écriture comme travail professionnel vise dans ses conditions d'énonciation et de production un univers de sens qu'on peut appeler un horizon de « vérité ».

L'écriture est le genre de la « vérité » sous la forme du « savoir » : de quel savoir est cette vérité ? Le savoir d'une histoire en commun, en voie de communication, en recherche d'unité totale. L'écriture tend vers l'œuvre quand bien même elle oublierait le réel qui est la cause de son processus : la sublimation tend à « oublier », à mettre en forme. L'œuvre tend à inscrire, souscrire, écrire cet oubli sous la forme de son acceptation, dût-elle user de fictions. En fait, ce type d'écriture – qui renvoie à l'auteur, au style, à la forme rhétorique, à l'éthique de l'écrit dans le cadre officiel de missions accompagnées par l'État au sens large ou une communauté d'enseignants au sens restreint – ce type d'écrit professionnel, procède d'une

85. Foucault M., *L'Ordre du discours*, Paris, Gallimard, 1971.

86. Barthes R, *Le Degré zéro de l'écriture*, *op. cit.*, p. 24.

confession, d'une foi (non pas d'une croyance), d'un aveu mythique en la possibilité d'être compris, d'être identique en droit à tout autre, de mettre le silence des pratiques au service d'un savoir – et si l'interdit de parole corroborait le devoir d'écriture ?

Il y a donc un rôle particulièrement fondateur et instituant de l'écrit ici. Au sens précis du terme, se produisent une histoire, une enquête, une investigation, une recherche, une analyse qui renvoie celui qui la fait à l'origine perdue/maintenue de la trace comme justificatif d'un parcours. Se posent ensuite des problèmes que nous n'aborderons pas ici : quels droits, devoirs, contraintes, obligations, autorisent ces empreintes ? Ce qui est sûr, c'est que l'écrit, en tant qu'il accompagne quelque chose qui le borde, le déborde, ne peut être l'objet d'un métalangage le corrigeant ou lui conférant un rôle évaluatif, évaluateur, correcteur, « normateur », dans la mesure où il est un *hapax*[87] sans possibilité d'être rattaché à une tradition ou une grille de catégorie qu'il a justement pour fonction d'excéder.

Outre le côté contradictoire de l'injonction à écrire l'innovation, il ne va pas de soi qu'il ne faut point de compétences spécifiques pour participer à ce type d'aventure. Souvent, les écrivants découvrent des problèmes bizarrement « scolaires » : faut-il un plan, une implication personnelle, des objets spécifiques, un style, des contraintes ou consignes spécifiques... ? Comme si ce type de savoir, d'histoire, de cheminement, engageait des postures méthodologiques pré-existantes, des outils spécifiques, des postures positives à prendre/apprendre, comme si nous ne savions pas que la langue, les discours, les lieux de productions d'écrits, les fabriques de rapports, les monographies, les archives de nos mémoires et de nos actes n'étaient pas déjà encodés et accompagnés par les récits ordonnés de nos méconnaissances et de nos ignorances. Étrange mouvement que cette torsion des savoirs/pouvoirs qui jouent avec les latéralités normées de l'Institution et les règles précises des acteurs innovants qui sont contraints à un point obscur de non-savoir du fait de leur position dans le champ plastique de leur élaboration en mouvement. Toute écriture renvoie à un contexte, à une *épistémè*[88] dans laquelle elle prend ses fonctions. Même le rapport, le document, la note administrative ont leur origine et leur marque de fabrique. Ce qui oblige à demander les raisons de l'écrit, même quand elles semblent codifiées, présupposées, comprises par les praticiens de l'innovation.

Praxis, mémoire, identité

Dans le domaine professionnel, l'écrit a plusieurs fonctions (évaluer, se rappeler, orienter, valider, rapporter, etc.). La principale est qu'il crée une mémoire des actes, une unité synthétique des actions diverses, diversifiées, plurivoques. L'écrit a un rôle conceptuel au sens de Kant : il per-

87. *Hapax* : mot, forme, emploi dont on ne peut relever qu'un seul exemple, à une époque donnée, dans un corpus donné. (Ndlr)

88. *Épistémé* : ensemble de connaissances réglées : conception du monde, sciences, philosophies... propres à un groupe social, à une époque. (Ndlr)

met d'unifier des expériences multiples sous un principe qui confère à celles-ci un sens, une logique, un effet épistémologique permettant de changer l'agir des acteurs. Écrire pour savoir ce qu'on a fait pour faire autrement ou refaire ce qu'il y a à faire. Tout écrit professionnel participe de cette double exigence : savoir et innover.

Savoir pour innover et innover pour améliorer des logiques de travail. Il y a un risque de l'écrit professionnel : contraindre les libertés dans des ordres de rendements, d'organisation qui fassent que les sujets deviennent des instruments de productivité négateurs de leur propre autonomie. D'où la nécessité de penser une éthique de l'écrit et de l'écriture en milieu professionnel : pour qui, pourquoi, comment écrit-on ? comment transformer une pratique d'écriture objective en pratique désaliénante et libératoire ? comment écrire pour rendre le réel moins oppressant, oppressif et faire en sorte que cette étrange activité solitaire soit moins anonyme et incertaine que le simple rapport homogène, terrifiant, parce que définitif ?

Il s'agit de transformer les limites des écrits pour que la mémoire de leurs origines, de leurs logiques, de leurs domaines de sens, ne soit pas le territoire délimité qui catalogue définitivement les mouvements les plus intimes, infimes, infiniment créatifs, du vivant. Ce qui est reproché à l'écrit professionnel, c'est son côté positiviste de taxinomie appauvrissante, son relativisme, ses significations contingentes, son arbitraire inique, son aléatoire dogmatisme et son impertinence structurelle : l'écrit laisserait de côté la riche prolifération de la prose du monde et manquerait inéluctablement la concrétion inénarrable de la vie des choses vivantes. Il est certain que le monde de l'écriture redouble, ou double, celui de cette vie immanente ; il est certain que cette boursouflure documentaire rassure notre chaude communion politique en devenant la transcendance consacrée, immortelle, des savoirs qui assurent la pérennité de nos désirs englués dans la pâte complexe, épaisse, entremêlée du vivant.

En effet, souvent l'esprit suit la route des mots, les étiquettes de l'être, plus que le réel mouvement des désirs, des pulsions : le langage nomme l'être, il le produit, il le codifie, il le discipline, il l'encadre. Le mot dit la chose qui n'est pas que l'absente de tout bouquet discursif. Les philosophes, les logiciens, les poètes savent qu'énoncer revient à inscrire la chose dans une (re-)présentation qui en fait à jamais le deuil, dût-elle en apparence la redoubler. L'écriture sauve le temps perdu de l'oubli en faisant du passé un mythe acceptable : toute histoire écrite a à voir avec le mythe répété, reproduit, exorcisé, ritualisé, des origines, des sacrifices, des interdits. La psychanalyse montre que ce complexe de répétition tourne autour de ce qui ne se s'écrit pas dans la langue, même quand elle est figée dans l'institution du langage. Les écrits traduisent cet enfermement d'un réel « insymbolisable » dans un style, un discours qui peut, peu ou prou, faire illusion de vérité et conférer une teneur chosale à ses objets.

Afin de désigner cette tropologie qui participe de l'écrit collectif – peut-on collectiviser l'écrit, l'écriture, et faire des écrits « anonymes » personnalisés ? – il serait utile de préciser si les négociations de protocole d'écriture se font dans des concertations orales, écrites, de façon spontanée, autogérée, dramatisée, etc. Les figures entrevues dans ce travail spécifique d'écriture révèlent des « idiographies » que ne prennent pas en compte l'élaboration finie, léchée, vernissée, aboutie, parfaite au sens du *perfectum*. C'est pour cela que la meilleure analyse du rôle de l'écrit innovant pour l'innovation dans l'innovation est celle qui donne à voir par le milieu, le chantier dans la pleine effectivité de son opération processuelle.

En guise de signes et de relance pour le travail à venir, voici quelques fantômes, au sens documentaire du terme, de ces « idiographèmes » pris dans la généalogie des styles de pratiques d'innovation retournées sur elles-mêmes. On les lira, verra, pensera à partir de leur xénophilie et des communions qu'elles recherchent dans une forme à venir qui nécessite tout à la fois une invention de soi comme style d'existence et une recherche de vérité comme forme éthique du rapport à l'autre. Écrire relève de cette esthétique et de cette critique de soi qui se font dans l'horizon d'une liberté généreuse qui attend sa politique rationnelle. En attendant, il est préférable de s'en remettre à une philosophie attentive à l'événement qui prend souvent la figure la plus inattendue dans un aujourd'hui incertain [89].

« ÉCRIRE

Pour laisser la trace d'une pensée,
enraciner une mémoire d'un vécu,
permettre d'avancer, découvrir d'autres horizons.
Pour le plaisir d'échanger,
de résoudre ensemble le conflictuel ou le problématique,
pour exister par les mots,
pour l'achèvement d'une étape et le début d'une autre,
pour dire que les choses sont possibles,
écrire l'impossible ou le douloureux,
faire émerger les craintes ou le doute.
Pour aider,
pour s'accorder le temps du silence nourricier de la pensée,
pour le plaisir de raturer, le droit de se tromper. »

« Pour écrire il faut passer par l'oral, mais pour passer à l'oral il faut avoir un écrit sur lequel on parle.
Je crois beaucoup à l'isomorphisme des situations, le nez dans le guidon et les yeux face à la mer, c'est-à-dire que je me sentirai davantage capable de parler et j'aurais mieux compris le processus d'écriture si j'avais commencé par écrire. »

« Tout écrire,
relire ensemble,
cadrer ou non selon les équipes,
passer de l'oral à l'écrit puis à l'oral,
être dans le JE, le JEU, le NOUS,
passer de l'individuel au collectif. »

« Écrire permet de réfléchir, de revenir sur ce qu'on croyait acquis. Cette ré-flexion est d'autant plus riche qu'elle est partagée ; qu'elle est faite par

89. Les passages qui suivent sont des productions des participants à l'atelier.

une équipe. Et cette réflexion qui est en fait une relecture du projet innovant permet aussi à ce projet d'évoluer, de grandir… »

« On écrit quand quelque chose est mort dit Salim Mokaddem.
Or, n'écrit-on pas aussi une trace du vivant, en l'occurrence de l'action innovante qu'on voudrait pérenniser, diffuser, transférer. Écrire, n'est-ce pas une manière de donner vie à une pensée, à une expérience ? N'est-ce pas espérer un avenir pour l'expérience en cours ? »

« Somme d'individus – collectivité de pensée – harmonisation de la différence – Différencier l'unicité – revoir le parcours du mouvement – Stabiliser la mouvance. Mourir en écrivant. Renaître de ses propres cendres. Laisser ses cendres être saupoudrées par le vent. *¿ Quièn sabe a donde ?* »

« Je, un être de papier qui me trahit,
me fige,
me renvoie une image de moi-même qui me surprend, me gêne et me fait avancer. »

« Souffrir de l'écriture ? Souffrance de l'accouchement ? Plaisir de l'avoir finalement fait ? Amour à mort, amour à mots ? »

Accompagner l'écriture professionnelle

Danielle Alexandre, bureau de la valorisation des innovations pédagogiques, direction de l'enseignement scolaire

L'atelier « écriture, processus et produits » était co-animé par Danielle Alexandre et Salim Mokaddem.

Quelques mots (maux) de l'écriture professionnelle

Récurrente, lancinante, la difficulté d'écrire n'a pas cessé de traverser les débats au cours de l'atelier centré sur l'écriture et son accompagnement. C'est pourquoi, en préambule, je souhaite évoquer un certain nombre de représentations qui pèsent sur l'acte d'écrire en général. C'est d'abord la mythologie de la souffrance qui entoure le travail de l'écriture : « affres de la création », « souffrance de l'accouchement », « vertige de la page blanche », sont venus naturellement dans les propos des participants. On n'est pas loin de l'étymologie du mot « travail » issu du *tripalium*, le trépied de torture auquel, dans l'Antiquité, on attachait les condamnés...

Autre obstacle, l'écriture sur les pratiques professionnelles est, pendant longtemps, restée l'affaire de spécialistes, d'un cercle très fermé, avant d'être également connotée comme exercice universitaire de type « mémoire ». L'idée même que des praticiens *lambda* puissent écrire sur ce qu'ils font et que cela puisse intéresser, est une idée neuve qui peine encore à s'imposer. En outre, l'idéologie tenace des dons interfère : pour écrire, en effet, il faudrait un don, conviction sincère ou alibi commode qui conduisent fréquemment à déléguer ou éluder l'écriture.

C'est donc une des missions originales du dispositif de valorisation des innovations pédagogiques que de recueillir dans sa richesse et sa diversité cette parole authentique du praticien qui fait une pause pour parler de ce qu'il a fait, devenant ainsi critique privilégié de son propre travail, regard singulier, qui n'est ni celui d'un évaluateur extérieur, ni celui d'un expert de la didactique. L'écriture sur les pratiques professionnelles se banalise mais cela ne va pas de soi. Essayer de mesurer la complexité de l'acte d'écrire pour proposer des pistes pour l'accompagner est donc un objectif de ces quelques mots.

Réguler les indispensables tensions

On a trop souvent tendance – et la même difficulté vaut pour l'accompagnement des élèves – à s'intéresser uniquement au produit, c'est-à-dire l'écrit attendu (sa forme, ses normes), au détriment du processus de l'acte d'écriture dont la dynamique repose sur des interactions complexes.

« Être dans le jeu, le je, le nous »

Pour essayer d'y voir plus clair, on peut tenter de schématiser un certain nombre de paramètres en jeu, selon deux axes forts. Une première tension – horizontale[90] – s'exerce selon l'axe destinateur/destinataire : qui parle, à qui, pourquoi (pour quoi) ?

La question du destinataire semble *a priori* la plus facile à éclairer car les écritures de l'innovation s'adressent d'abord à des enseignants, au sens le plus large du terme, en quête d'idées. D'un point de vue pratique, revenir sans cesse à ce lecteur supposé, permet de répondre à bien des interrogations, car les attentes de ce lecteur n'ont rien d'exceptionnelles : comme n'importe quel autre lecteur il aime comprendre vite, il a donc besoin à la fois d'un minimum d'éléments contextuels et d'un maximum de détails signifiants, il supporte difficilement la langue de bois ou les propos convenus, décèle sans faille ce qui sonne faux...

Et pourtant, la simplification n'est que superficielle car au-delà du destinataire extérieur, c'est à soi-même que l'on est sans cesse renvoyé quand on écrit et l'une des expériences fortes dont témoignent ceux qui ont vécu l'aventure, c'est de découvrir qu'en croyant écrire pour les autres on écrivait aussi et peut-être surtout, pour soi. En prendre conscience est utile mais l'admettre intellectuellement n'économise en rien l'insécurité permanente à gérer quand il s'agit d'en faire l'épreuve concrète.

En effet, écrire sur ses pratiques professionnelles met en jeu à la fois la sphère privée, intime, celle de l'individu : ses affects, son expérience, son histoire, sa culture... et la sphère publique, celle de l'enseignant, ses savoirs professionnels sur les disciplines, la didactique, la pédagogie, les élèves, l'image qu'il a de son métier et de la façon dont il l'exerce, celle qu'il veut en donner... En écrivant sur l'innovation pour la rendre publique, il ne s'agit plus seulement d'enseigner en son âme et conscience, d'inventer dans la solitude ou pour un cercle restreint, mais d'assumer sa propre créativité et de la théoriser suffisamment pour pouvoir la soumettre et la transmettre à des pairs. Cette nouvelle dimension du travail interroge l'identité professionnelle. L'acte d'écrire est bien « un acte de solidarité historique[91] » un lieu d'interactions complexes, à la fois parcours identitaire et socialisant[92].

90. Selon le schéma de la communication élaboré par Jakobson. Jakobson R., *Essais de linguistique générale*, Paris, Minuit, 1963.

91. Barthes R., *Le Degré zéro de l'écriture*, *op. cit.*

92. Bucheton D., Chabanne, J.-C., « Le mémoire comme élément de socialisation professionnelle », conférence d'ouverture du séminaire de La Grande-Motte, *Quelle insertion professionnelle par l'écriture d'un mémoire ?*, Montpellier, pôle sud-est des IUFM, 1999.

En outre, les exigences de l'énonciation imposent un choix grammatical unique, je, on ou nous, « cet être de papier » qui n'est réductible ni à l'intime ni au professionnel. Le réglage de cette voix énonciative n'est donc pas seulement affaire de forme mais l'ultime signe tangible d'indispensables et souvent fort difficiles négociations. Accompagner l'écriture suppose de réhabiliter le doute, l'hésitation, la crise, la panne, d'aider à vivre ces temps comme des temps pleins et non des temps morts ou perdus.

Figer le mouvant

Une seconde tension – verticale [93] – concerne les savoirs en jeu : de quoi parler et comment en parler ?

Le matériau est, par sa nature même puisqu'il s'agit de projets innovants, mouvant, instable, en continuelle évolution, foisonnant. Que dire ? Impossible de tout dire. Quels filtres mettre en place ? Ce qui est important ? Mais qu'est-ce qui est important et pour qui ? Ce qui a marché, ce qui n'a pas marché, ce qu'on a fait, ce qu'on pense de ce qu'on a fait ? Le prévu, l'imprévu, l'indésirable, les questions nouvelles qui ont surgi… ? Ce questionnement indispensable est évidemment facilité et enrichi par un accompagnement extérieur et des temps de travail collectif. Un des enjeux de ces nécessaires temps de décantation est de surmonter cette difficulté majeure de l'écriture de l'innovation, l'identification des savoirs transférables alors que ceux-ci sont encore en construction et que le projet qui les fait naître est lui-même en constante évolution. Comment bien montrer ce qu'on ne voit pas soi-même clairement ? Comment écrire sur ce qui bouge tout le temps ? Aider à voir est une mission essentielle de l'accompagnateur.

Mais à l'opposé de cette mouvance continuelle, d'autres savoirs linguistiques et sociaux (comment dire, comment parler de ce que je fais ?), des normes et des codes rigides doivent être mobilisés. Écrire, c'est aussi redécouvrir à chaque fois un conflit fondamental, les limites d'une chaîne écrite, linéaire, syntagmatique, confrontée à l'épaisseur d'un matériau paradigmatique, chaque mise en mots étant la mise à mort des autres possibles.

Entrer dans l'écriture comme on veut…

À chacun sa posture

Écrire, c'est donc être confronté à des problèmes complexes : quelle place pour soi ? quelle place pour les autres ? que dire et comment le dire ? Autant de paramètres à gérer ensemble dans un frottement continuel où tout bouge en même temps. L'analyse que Dominique Bucheton [94]

93. « Verticale » par métaphore, si l'on considère que les normes et codes imposés *hic* et *nunc* dans chaque société surplombent l'acte d'écriture comme une sorte de surmoi, à l'opposé du jaillissement des idées.

94. Bucheton D., Chabanne J.-C., *Parler et écrire pour penser, apprendre et se construire – L'écrit et l'oral réflexifs*, Paris, Puf, 2002, coll. « Éducation et formation ».

propose des « postures d'écriture » à partir de l'analyse de copies d'élèves éclaire aussi les difficultés des adultes. Certains entrent dans l'écriture par les codes, les normes, « Combien de pages ? Combien de parties ? Est-ce qu'on a le droit de dire Je ? ». Or, un poids excessif des normes peut mener à un formalisme plat, voire vide, et à des écrits sans chair. D'autres s'immergent dans le matériau mais le foisonnement de la pensée en mouvement risque fort de submerger le lecteur. Pour d'autres encore, la nécessité de transférer des savoirs construits peut conduire à une exhibition de savoirs savants déjà élaborés par d'autres au détriment des questionnements authentiques surgis de l'expérience en cours. Enfin, une autre difficulté est de s'autoriser une place pour soi-même sans que celle-ci devienne envahissante au détriment de savoirs objectivables.

Alors, y a-t-il une entrée meilleure que d'autres ou une bonne méthode ? Non bien sûr, chacun entre dans l'écriture comme il le peut, ou comme il le veut, et il est important de respecter cette différence. Si les uns ont absolument besoin d'un plan pour démarrer – « si je n'ai pas ma carte routière, je ne pars pas [95] » –, pour d'autres, le processus d'écriture ne peut s'enclencher que dans une fluidité verbale non contrainte. L'écriture, même lorsqu'elle a des aspects collectifs, reste une aventure individuelle unique.

Déployer, décanter, déplacer

Si certains régulent d'emblée le jeu, tant mieux, mais c'est justement un rôle passionnant de l'accompagnateur d'aider à une mise en tension harmonieuse de tous les paramètres, dans le respect du fonctionnement de chacun. Aider les uns à classer, à organiser, tandis que pour d'autres la priorité sera de déployer le projet, ou encore les deux à la fois, sont autant de façons d'aider à nommer et donc à identifier ce qui se joue. Cadrer ou au contraire travailler l'autorisation, donner les consignes en amont ou les introduire en cours de route, accompagner, c'est s'adapter à ce qui s'offre, sans *a priori* mais de toutes façons pour emmener plus loin.

Il faut donc du temps pour écrire l'innovation, pour respecter une maturation dont le rythme est imprévisible. C'est pourquoi toutes les formes d'écrits intermédiaires sont particulièrement utiles. Fragments, notes ou écrits construits, respectueux des fonctionnements spontanés de chacun, ils sont autant d'instantanés insatisfaisants à partir desquels on peut questionner le travail en cours, faire une pause réflexive, réajuster et ainsi avancer. Précieuses balises des parcours individuels, ils sont aussi une trace de l'épaississement de la pensée. En outre, une attention particulière portée aux ruptures de toutes sortes dans l'écrit, flous ou redondances qui sont autant de béances ou d'aspérités du texte, prétextes à un questionnement, permet d'approfondir et de mieux montrer... Il faut réaffirmer l'importance des brouillons, des ratés, des ratures...

95. Expression d'un participant à l'atelier.

Apprivoiser l'écriture

Prendre la mesure de la complexité du processus devrait aider à en dédramatiser l'expérience et l'accompagnement.

Affirmer qu'il n'y a pas une bonne méthode pour écrire c'est permettre que chacun trouve lui-même la meilleure, celle qui lui convient. On peut cependant dégager un certain nombre de facilitateurs. Admettre qu'on ne peut pas tout régler d'un coup et comprendre que des consignes précises ne sont pas un remède miraculeux sont des préalables. Favoriser des va-et-vient – écrire – parler à partir de l'écrit – écrire – dans des temps d'échanges à plusieurs permet à la fois épaississement et clarification. Enfin, rassurer et réassurer sans cesse doivent être un souci constant.

Accompagner l'écriture, c'est sans doute l'apprivoiser, pour soi et pour les autres, pour ne pas perdre ou retrouver dans l'aventure, ce plaisir métissé qui lui donne en fin de compte tant de prix.

Accompagner les innovations pour communiquer et transférer ?

Brigitte Cala, responsable de formation et Armelle Guillemot, formatrice dans l'académie de Montpellier, animatrices de l'atelier « Accompagner, communiquer, transférer »

La place de l'innovation dans le système scolaire ne cesse d'évoluer. Longtemps restés en marge du système, les innovateurs sont désormais reconnus comme des ressources vives par l'institution qui s'efforce depuis quelques années de recenser, soutenir et diffuser les pratiques innovantes. Depuis 1994, le bureau A11 de la Desco est chargé de la coordination d'un dispositif qui a pour mission de repérer et de valoriser des actions innovantes d'acteurs de terrain qui tentent de trouver des solutions réponses spécifiques aux problèmes qu'ils rencontrent au quotidien avec leurs élèves.

La reconnaissance des innovateurs répond d'une part, au souci de valoriser la capacité des enseignants à faire évoluer leurs pratiques pour que d'autres puissent s'emparer d'idées nouvelles, elle participe d'autre part, au souci de lutter contre une image de l'école dévalorisée par l'échec et l'exclusion dont on l'accuse volontiers d'être porteuse. Ce double objectif ne répond pas au même besoin et ne concerne pas exactement le même public. Il s'agit dans le premier cas d'accompagner l'évolution des pratiques enseignantes et dans le deuxième, d'améliorer l'image de l'école auprès d'un large public. L'un participe au transfert de compétences, l'autre répond à un besoin de communication. Pour répondre à ce double objectif, on dispose d'un même outil : les monographies, écrits des équipes, dans lesquelles les acteurs de terrain relatent et analysent les actions qu'ils mènent avec leurs élèves.

Accompagner les innovations pour communiquer

À l'ère de la communication, l'école peut difficilement se taire et rester sans réagir face aux différentes accusations dont elle fait l'objet. Des inégalités sociales et de l'exclusion, en passant par l'échec scolaire et la violence, l'image de l'école de la République se trouve bien souvent malmenée par les médias. Confronté à une logique médiatique qui s'attarde bien plus volontiers sur ce qui dysfonctionne que sur les points positifs, il est nécessaire de contrecarrer cette image dévalorisée de l'école en développant la communication sur les actions intéressantes menées bien souvent dans l'ombre, par des acteurs de terrain inventifs.

De telles actions sont repérées par les dispositifs d'aide et de soutien aux innovations mis en place dans chaque académie. Ces dernières, après avoir lancé un appel d'offre auprès des établissements, repèrent et contractualisent certains projets pour lesquels un accompagnement peut être proposé, notamment pour aider les équipes à mettre en mots leurs pratiques et produire une monographie qui est ensuite traitée par la cellule académique. Chaque académie développe en fonction du contexte, différentes modalités de diffusion des innovations : publications papier (brochures, revues) et mise en ligne sur le site académique. De nombreuses académies organisent séminaires ou colloques autour de l'innovation ou encore des journées académiques qui s'articulent autour d'ateliers dans lesquels les participants peuvent confronter leurs pratiques. Ce type de rencontre permet aux innovateurs, comme aux accompagnateurs, de découvrir leurs similitudes et leurs différences. Ainsi, comme le soulignaient les auteurs dans *Politiques de changement et pratiques de changement*, une publication de l'INRP sous la direction de Françoise Cros, s'affiche la volonté du ministère de « placer les académies au cœur du dispositif », privilégiant ce mode de pilotage à un modèle pyramidal.

Les monographies sont aussi centralisées et capitalisées au niveau de la Desco où elles constituent une banque de données de l'innovation à l'école, dans laquelle le ministère est à même de puiser pour communiquer, notamment avec les médias.

Ces monographies servent également à alimenter l'espace « Innovation » sur le site Internet « Eduscol [96] » du ministère de l'Éducation nationale. Le but de cette rubrique est de diffuser largement les démarches novatrices présentées par les acteurs eux-mêmes. Cet espace, outre sa dimension nationale, permet à la fois de se renseigner sur les dispositifs académiques et d'accéder aux productions des équipes innovantes. Ces monographies sont également utilisées pour l'élaboration de publications nationales dans la collection « Pratiques innovantes » publiée par le CNDP. Dans ces publications, les monographies servent de base à la constitution de dossiers thématiques (par exemple *L'Éducation à la citoyenneté, Le Suivi des élèves en seconde*) comportant descriptifs d'actions et propositions de pistes de réflexion. Familièrement appelées « les brochures vertes », elles visent avant tout un public enseignant. Les monographies servent donc tout autant la communication externe qu'interne de l'institution.

Accompagner les innovations pour transférer

Mais la difficulté à exploiter les écrits des équipes renvoie en amont aux difficultés pour les équipes à les produire. Il est fréquent de constater que celles-ci ne restituent pas toujours explicitement les tenants et les aboutissants des projets et ne permettent pas toujours d'en comprendre l'originalité. Force est de constater que produire des consignes ne suffit

96. www.eduscol.education.fr, site pédagogique du ministère de la Jeunesse, de l'Éducation nationale et de la Recherche.

pas. Une première explication est liée au caractère novateur de cette pratique. En effet, c'est seulement depuis la mise en place des IUFM que les enseignants ont travaillé sur la production d'une monographie du type analyse de pratiques. Pour les innovateurs, il s'agit de conduire un projet innovant donc « inhabituel », de procéder aux réajustements inhérents à la conduite d'un projet, mais ils doivent aussi conduire une analyse et une réflexion sur le travail fourni. Enfin, il faut produire la monographie. Il est clair que ces derniers points ne font pas partie des compétences habituelles d'une majorité d'enseignants.

Au-delà de l'identification des actions innovantes, l'un des principaux rôles assignés à la mission innovation est le transfert de l'expérience acquise par des responsables de projets innovants à d'autres enseignants. Roselyne Orofiamma[97], dans le cadre d'une recherche sur les processus et conditions d'évolution des professionnalités des enseignants à l'occasion de la production d'innovations et de leur transfert, a enquêté auprès d'acteurs de terrain. L'interprétation qui s'est progressivement dégagée de l'étude des matériaux recueillis, porte à considérer que le dispositif est traversé par des enjeux différents quant aux finalités des écrits. Pour certains, ceux-ci peuvent en effet avant tout servir d'outil de communication, de médiatisation et de valorisation du système éducatif. Pour d'autres, le transfert doit servir de base de données pour le ministère et le corps enseignant qui trouveront là matière à réflexion pour orienter les décisions ou pour modifier les pratiques. Enfin, le travail d'écriture mis en œuvre pour décrire l'action innovante peut être considéré par certains membres de l'institution comme l'occasion privilégiée d'offrir aux enseignants-innovateurs un espace d'analyse de pratiques. Ces enjeux différents renvoient à une certaine ambiguïté de la demande institutionnelle de formalisation qui n'est pas toujours perçue de façon claire par les acteurs de terrain. Aussi ressort-il de l'enquête menée par Orofiamma [98], que la question du transfert est davantage perçue comme une volonté institutionnelle qu'une préoccupation ressentie par les équipes de terrain.

Pour ces dernières, il existe en effet un certain flou quant aux finalités de l'écriture et du transfert. À qui est destiné l'écrit ? À quoi et à qui sert-il ? La formalisation s'effectue-t-elle au nom d'une personne, d'une équipe, d'un établissement… ? sont autant de questions qui reviennent chez les innovateurs. D'où l'importance de la clarification du type d'accompagnement. Actuellement dans l'académie de Montpellier, dès la signature du contrat avec l'équipe, la « commande » de la monographie et le nombre de rencontres pour l'accompagnement sont précisés.

Dans bien des cas, les monographies ne permettent pas de saisir la portée de l'expérience présentée par les acteurs de terrain qui ne se livrent pas spontanément à une démarche d'écriture dont ils ne comprennent pas toujours le sens et l'intérêt. Par ailleurs, Roselyne Orofiamma rappelle à juste titre qu'« il ne faut pas perdre de vue combien, dans toute écriture institutionnelle, les enjeux de contrôle et d'évaluation sont inséparables

97. Orofiamma R, *Les Pratiques de formalisation des actions innovantes*, rapport d'études réalisé pour le ministère de l'Éducation nationale, 1997.

98. *Ibid.*

des buts affichés de capitalisation et de transmission de l'expérience ». Il en résulte que ces écrits restent souvent en deçà des demandes exprimées par les responsables de l'institution qui en sont les destinataires (manque d'informations, manque de point de vue distancié), ce qui gêne leur exploitation hors du contexte. Il semble en effet difficile de concilier deux objectifs bien distincts (communiquer et analyser ses pratiques pour les transmettre à d'autres), surtout lorsque tout s'organise autour d'un seul et même outil.

Cette ambiguïté est d'autant plus gênante que la pratique innovante et la pratique de formalisation qui l'accompagne mettent en jeu un vécu singulier dans lequel la personne tout entière est engagée [99]. L'activité d'écriture, mais aussi celle d'échange et d'analyse des pratiques, sont autant de situations dans lesquelles la subjectivité est engagée. Elles recouvrent une dimension importante d'implication subjective et affective de la part des enseignants qui y sont confrontés. Cela ne va pas sans risque. L'épreuve de l'écriture peut apporter de réels bénéfices et une valorisation de soi, ou au contraire provoquer une expérience douloureuse : « Toute écriture n'engage pas de la même façon, mais tout passage par l'écriture comporte un risque, une confrontation de soi à son action, une épreuve à mettre ses pensées sur papier et à sortir de soi [100]. »

Il convient alors de s'interroger sur les conditions d'accompagnement à l'écriture, pour que puisse apparaître une implication personnelle des innovateurs dans leurs écrits. En effet, les différentes formes d'implication affective et subjective mises en jeu d'une part, dans la démarche d'innover [101] ou dans l'analyse des pratiques et d'autre part, dans la formalisation [102] requièrent un ensemble de conditions, notamment d'ordre éthique et déontologique, sous peine de produire des attitudes de désengagement et de retrait et, comme le dit Mireille Cifali [103] « de créer des blessures plus que du savoir ».

Nous voyons donc la difficulté de l'accompagnement qui poursuit un double but : accompagner les acteurs dans la réalisation de leur projet grâce à la production d'un écrit et les accompagner pour la production d'un écrit dont la finalité est de communiquer sur les pratiques innovantes. L'activité de l'accompagnateur ne peut pas, en effet, être la même dans les deux cas. S'agit-il d'accompagner une certaine forme de valorisation de l'institution scolaire, de son évolution par la prise en compte et la (re)connaissance de ce qui se fait sur le terrain ? Ou d'accompagner les acteurs de l'innovation pour faire émerger une analyse et une réflexion qui puissent servir à d'autres ?

---

99. Cifali M. « Transmission de l'expérience, entre parole et écriture », *Éducation permanente*, 1996, n° 127. Giust-Desprairies F., « Reconnaissances des identités professionnelles : logiques sociales et processus psychiques », in Actes du séminaire, *Transférer l'innovation*, 1999. Orofiamma R., *Les Pratiques de formalisation des actions innovantes*, *op. cit.*

100. Cifali M., « Transmission de l'expérience, entre parole et écriture », *op. cit.*

101. Guist-Desprairies F., « Reconnaissance des identités professionnelles : logiques sociales et processus psychiques », *op. cit.*

102. Cifali M., Orofiamma R., *op. cit.*

103. *Ibid.*

L'institution semble vouloir privilégier ce dernier point. Auquel cas, il s'agirait bien d'accompagner la formalisation d'écrits avec les espaces réflexifs que ce travail induit. L'enjeu est important. En effet, l'analyse des pratiques et l'écriture sur les actions innovantes contribuent à élargir la représentation de la pratique enseignante. L'analyse de pratique pour produire une monographie nécessite de dépasser une pratique centrée sur l'objet d'enseignement, la matière, pour prendre en compte ce qui se passe plus largement autour du projet déposé. C'est le travail de l'accompagnateur d'apporter le regard extérieur et multidimensionnel, d'aider à l'analyse en fournissant des lectures multiples des situations vécues. Le recours à l'expérience, à partir de l'analyse des pratiques innovantes, peut devenir une ressource importante en terme de formation, dès lors qu'il s'agit de prendre en compte sa propre implication, les représentations de soi et les enjeux personnels mobilisés dans l'activité et la relation pédagogique. La construction des compétences professionnelles est ainsi envisagée sur la base de savoirs élaborés à partir de l'expérience et non pas un construit préalable.

Pour conclure

Nous retiendrons quelques points positifs et prospectifs.

L'accompagnement

Martine Dumont [104] constate qu'écrire sur sa pratique c'est aussi produire un « engagement subjectif fort ». Écrire pour l'institution ne peut se réaliser sans évoquer le regard que l'institution ne manquera de porter sur la production : regard de la hiérarchie, des pairs, des partenaires. D'où, semble-t-il, toute l'importance du regard bienveillant de l'accompagnateur tout au long de la production des différentes étapes de l'écriture.

Huit ans après les premières expériences d'accompagnement, nous pouvons remarquer qu'il est un élément incontournable et lui-même innovant. Pour les innovateurs, il permet la prise de recul par rapport au projet, la prise de risque par rapport à l'établissement, aux parents. Il est l'élément de la procédure que l'on pourra transférer dans les classes : autre regard, autre position par rapport aux apprenants, dans le travail d'équipe, dans les formations.

Des compétences nouvelles

Pour Anne-Marie Bériot [105], les innovateurs « exercent différemment leur métier » en rupture avec une conception traditionnelle. Même s'il n'est pas encore facile de définir clairement de nouvelles « compétences réutilisables », les innovateurs qui vont au bout de leur contrat ont travaillé différemment. Ils ont souvent monté un projet en équipe, ils se sont

104. *Éducation permanente*, 1994, n° 120.

105. Bériot A.-M., les 11es Entretiens de la Villette, colloque organisé par la Cité des sciences et de l'industrie sur le thème « L'école en mutations », *Cahiers pédagogiques*, mars 2001.

concertés avec la participation d'une personne extérieure au projet, ils ont analysé leur pratique et produit un écrit. Toutes choses assez inhabituelles dans les établissements scolaires. La lecture des monographies permet de noter d'autres changements en cascade : un regard différent sur les élèves, sur la matière enseignée, sur les apprentissages.

Pour Martine Dumont [106], lorsqu'une institution fait écrire les acteurs sur leurs pratiques, c'est parce qu'elle attend que ceux-ci mettent à jour des compétences. L'écriture est la capitalisation, à la fois, de l'expérience et de compétences professionnelles. De la sorte, il se constitue un « référent commun » qui peut être utilisé pour des métiers dont les compétences ne sont pas clairement énoncées. Ce travail d'écriture est positif et constructif pour les « innovateurs ».

Apprendre des autres

Cependant, est-il possible comme le dit Philippe Perrenoud [107] d'« apprendre de l'expérience des autres » ? La diffusion des projets peut-elle permettre de faire évoluer les pratiques des collègues ? Pour certains ce sera facile de se procurer les renseignements, pour d'autres l'idée ne leur en vient même pas. Philippe Perrenoud [108] propose de se questionner sur le « pourquoi et le comment apprend-on des autres ? » Pour lui, il ne suffit pas d'organiser la communication, l'institution doit aussi travailler en amont, lors de la formation initiale, et en parallèle en formation continue de toutes les catégories de personnels. D'ailleurs dans certaines académies, les « innovateurs » et les accompagnateurs participent aussi aux actions de formation initiale ou continue. Par ailleurs, l'organisation d'un accompagnement des équipes émerge de plus en plus souvent dans les demandes de formation des établissements scolaires.

Imaginer d'autres pratiques de suivi et d'accompagnement

Le suivi des actions innovantes pourrait également se poursuivre les années suivantes, lors de chantiers académiques de réflexion sur les actions qui ont été menées, en quelque sorte une analyse en différé. Il serait possible d'imaginer que des innovateurs qui ont terminé leur projet se regroupent par thèmes pour examiner à partir de leur monographie et avec le recul, ce que l'action innovante a pu apporter comme « changement en vue d'une amélioration [109] ». Le dispositif « Gease » [110] pourrait être une autre modalité de l'analyse des pratiques. Par la confrontation des acteurs, par les discours, il serait possible aux acteurs de repérer des façons de faire différentes. Ces rencontres entre innovateurs pourraient déboucher sur des journées d'échanges communes à la formation initiale et continue où les « innovateurs » pourraient témoigner pour une mutualisation des pratiques.

106. *Ibid.*

107. Perrenoud P, « L'innovation toujours recommencée », séminaire *Transférer l'innovation*, académie de Paris, 1999.

108. *Ibid.*

109. Cros F. (dir.), *Politiques de changement et pratiques de changement*, INRP, 2002.

110. Les sigles sont explicités en fin de brochure.

Clôture des travaux

Christine Faucqueur, chef du bureau de la valorisation des innovations pédagogiques, direction de l'enseignement scolaire

Bien que prenant la parole au moment où il est naturel de conclure, je ne m'y essaierai pas, si par là on entend clore les débats. Il me semble, au contraire, qu'on ne peut qu'y mettre un terme provisoire, en attendant de les prolonger. Si, en effet, les différents comptes rendus d'ateliers ont permis de stabiliser un certain nombre de constats, de points de vue, de consensus, de questions, ils ont également ouvert de nombreuses pistes qui invitent à poursuivre la réflexion en commun.

Dans la mesure du possible, je m'efforcerai plutôt de clarifier les caractéristiques du dispositif de valorisation des innovations pédagogiques dont il m'a souvent semblé, pendant les débats, qu'elles restaient floues pour beaucoup, sans doute parce que, comme l'ont rappelé Guy Berger et Richard Étienne, ce dispositif a un caractère paradoxal qui le contraint à surmonter des tensions parfois contradictoires. La création même, dans une direction d'administration centrale s'occupant des programmes et de la réglementation des établissements, d'un bureau chargé de repérer, capitaliser et faire connaître les innovations est la première raison de ce paradoxe que renforcent les objectifs du dispositif mis en place.

Ce dispositif de repérage et de valorisation des innovations a été créé à la fois pour donner une image d'une école vivante, capable de s'adapter en innovant, et pour favoriser la diffusion et la mutualisation des innovations qui restent, trop souvent, enfermées dans les lieux où elles se produisent. D'un côté, il s'agit de montrer à un public large que l'école n'est pas, comme la presse se plaît à le stigmatiser, un lieu de conservatisme et d'échec, mais que nombre d'équipes enseignantes et éducatives, relevant les défis imposés par la réalité, inventent au quotidien et sur le terrain des réponses pour permettre à leurs élèves de réussir. De l'autre côté, l'objectif est de faire circuler ces innovations auprès des acteurs du système éducatif pour qu'elles leur servent de ressources. Ces deux objectifs génèrent des exigences et des démarches différentes, voire paradoxales, que le dispositif s'efforce constamment de dépasser : tensions entre processus et produit, démarche et effets, écriture et écrit, durée de l'action et moment de l'évaluation de ses effets…

Une autre difficulté à cerner le dispositif tient à sa nature même de dispositif national à déclinaison académique. La direction de l'enseignement scolaire qui fixe le cadre et les objectifs généraux accompagne les dispositifs académiques pour qu'ils trouvent localement la bonne position, la bonne organisation, les bonnes collaborations. Cette très grande flexibilité du dispositif explique ses forces comme ses faiblesses : cohérence nationale, ancrage fort dans les académies et adéquation avec leurs spécificités, complémentarité des approches, pour les points forts ; extrême diversité structurelle – nom, taille, positionnement –, décalage de rythme, priorités différentes nuisent à la lisibilité d'ensemble. Il revient à chaque recteur de dessiner le dispositif le plus apte à atteindre les objectifs assignés dans le contexte local.

L'imprécision avec laquelle nous utilisons le terme d'institution a quelquefois obscurci nos débats. J'ai souvent eu l'impression que chacun appelait institution une autorité nébuleuse à laquelle il avait le sentiment de ne pas avoir accès. Ainsi, pour certains, l'institution peut être l'administration centrale, le recteur ou le coordonnateur du dispositif académique des innovations. Cet usage facile du mot mérite réflexion puisque nous faisons tous partie statutairement de l'institution et que nous instituons dans l'École un certain nombre de choses.

Dans la mesure où c'est une des missions fortes du dispositif, je voudrais m'arrêter quelques instants sur la difficulté à rendre compte d'une innovation pour qu'elle serve à d'autres, car nous nous y heurtons sans arrêt. Comment traduire, lors d'un salon, d'une journée d'échanges ou dans un ouvrage, l'épaisseur, la durée, l'évolution d'un processus sans lesquelles il se trouve réduit à un modèle figé, rarement utile à d'autres ? La réalisation elle-même à laquelle conduisent certaines démarches innovantes (cédérom, exposition, ouvrage...) atteste le point d'arrivée du processus pour les élèves et le professeur, elle en est le produit, mais n'en rend pas compte. C'est ce que traduisent, à mon avis, les deux réponses apparemment contradictoires de Jean-Pierre Bouvat[111]. Interrogé pour savoir si, en changeant d'établissement, il avait transféré le travail sur le lexique, il a commencé par répondre « non », puis « mais » avant d'expliquer : « Bien évidemment, en arrivant dans l'établissement, j'ai été sensible à l'émergence de la même difficulté et nous sommes en train de travailler sur la manière dont nous allons la traiter. » Il me semble que par là, il répond « non » au transfert d'un produit – en l'occurrence, le lexique – mais « oui » à l'appropriation d'une démarche – l'élaboration collective d'un lexique partagé. Cet exemple nous renvoie à la difficulté de diffuser les innovations : si présenter des produits, des outils est relativement simple, montrer, rendre perceptible et donc reproductible le processus qui a conduit à leur élaboration est d'autant plus difficile qu'il suppose de faire le deuil du produit auquel on a abouti ! C'est pourquoi, le dispositif a plus travaillé sur les processus que sur les produits et l'écriture a joué un rôle central dans cette approche, comme moyen privilégié d'analyser l'action et d'en rendre la temporalité.

Autre point important : plusieurs participants au colloque ont parlé de « contrat d'innovation », expression qui me gêne toujours car elle induit l'idée d'un label. Or, il n'y a pas de label de l'innovation : dans une académie, des gens travaillent, mènent des actions plus ou moins innovantes ; parmi eux, certains se voient proposer un contrat d'écriture qu'ils acceptent ou pas. Je rappelle qu'à ce jour il n'y a jamais eu autre chose que des « contrats d'écriture » sur des pratiques innovantes. Cela revient à dire que l'innovation existait avant le contrat et qu'elle continuera après le contrat. Nul ne prétend que les mille équipes actuellement en contrat d'écriture représentent les seuls innovateurs de ce pays.

111. Lire le compte rendu dans l'article « Devenir accompagnateur », annexe 1, p. 111.

Ce contrat délimite seulement un temps pendant lequel une équipe accepte, pour communiquer et pour travailler sur sa pratique, de se livrer à l'exercice de formalisation. Nos débats ont clairement montré, en revanche, la nécessité de calibrer la durée et la nature du contrat lors d'une véritable négociation avec l'équipe. En outre, quand certains acteurs d'une équipe changent, il me semble indispensable de revenir négocier le contrat ; l'absence de négociation empêche la dévolution par les anciens d'une place aux nouveaux. On ne peut pas faire comme si le projet initial restait identique avec des personnes différentes.

Depuis ses débuts, le dispositif a essentiellement travaillé à développer l'accompagnement à l'écriture, démarche neuve ; aujourd'hui, les pôles académiques de soutien à l'innovation sont aussi chargés d'accompagner des équipes pour qu'elles montent des projets innovants même quand elles sont encore en train d'imaginer ce qu'elles veulent faire. Cela pose toutes les questions croisées pendant ce colloque sur l'accompagnement de l'action.

Par sa nature même et par ses objectifs, le dispositif est voué à innover à l'intérieur du système éducatif et donc de l'institution. Il est relativement aisé de repérer l'innovation quand elle naît, mais, parce qu'elle est un processus incertain, toujours en devenir, il est impossible de savoir où elle conduit. L'accompagner suppose donc une capacité d'adaptation permanente, la reconnaissance du droit à l'erreur et au changement, dans la limite de l'intérêt des élèves et donc le développement d'une démarche évaluative. Comme l'ont nettement montré les différents orateurs, cette fonction d'accompagnement est vraiment nouvelle dans le système éducatif. Elle permet aux innovateurs, aux responsables, aux accompagnateurs eux-mêmes de prendre du champ par rapport à l'action, à leur position et d'évaluer le chemin parcouru. Pour garder le cap, en effet, et ce sera là mon dernier paradoxe, il faut savoir changer de direction. Je reprends la métaphore du tacticien, entendue dans l'assistance : le tacticien, c'est celui qui sait dire, surtout en bateau, qu'à un moment, sous la poussée des vents et des courants, en allant dans telle direction on s'est légèrement déporté et que pour gagner toujours le même cap, il faut savoir repartir dans une autre direction.

Je remercie vivement l'académie de Montpellier d'avoir pris en charge l'organisation de ce temps de pause réflexive dans notre travail ; nous avons tous besoin de faire le point pour mieux tenir le gouvernail !

Accompagnement

ACHILLI S., « Accompagnement et autonomie », *Éducation permanente*, supplément AFPA, avril 2001, n° 149.

ACHILLI S., « Les débuts d'une aide éducatrice », *Cahiers pédagogiques*, 1999, supplément au n° 5.

ARDOINO J., « De l'accompagnement en tant que paradigme », *Pratiques de formation*, novembre 2000, n° 40.

BAUDRIT A., *Tuteur : une place, des fonctions, un métier ?*, Paris, Puf, 1999.

« L'accompagnement dans tous ses états », *Éducation permanente*, 2002/4, n° 153.

BRU M., MAURICE J.-J. (coord.), « Les pratiques enseignantes : contributions plurielles », *Les Dossiers de l'Éducation*, 2002, n° 5.

CHAPPAZ G., *Accompagnement et formation*, CRDP de Marseille, 1998.

CHESNAIS M.-F., *Vers l'autonomie : l'accompagnement dans les apprentissages*, Paris, Hachette, 1998.

GLASMAN D., *L'Accompagnement scolaire : sociologie d'une marge de l'école*, Paris, Puf, 2001.

GLASMAN D., *Regards sur l'accompagnement scolaire*, Paris, INRP, 2000.

HUGON M.-A., « Accompagner des équipes : un appui pour une transformation en profondeur des pratiques d'enseignement », in *Actes des rencontres inter-académiques, Nancy 21-22 novembre 2000*, CRDP de Lorraine, 2000, p. 29-33.

LE BOUEDEC G., *L'Accompagnement en éducation et en formation : un projet impossible ?*, Paris, L'Harmattan, 2001.

LUCAS G., *Petite histoire locale d'un groupe d'accompagnement scolaire*, Paris, L'Harmattan, 1998.

MOLL J., « Accompagner, une idée neuve en éducation », *Cahiers pédagogiques*, avril 2001, n° 393.

Analyse de pratiques

« Analysons nos pratiques professionnelles », *Cahiers pédagogiques*, 1996, n° 346.

BLANCHARD-LAVILLE C., *Analyse des pratiques professionnelles*, Paris, L'Harmattan, 1996.

BROCH M.-H., *Travailler en équipe à un projet pédagogique*, Lyon, Namur (Belgique), Chronique sociale, 1996.

CHARLIER B., *Apprendre et changer sa pratique d'enseignement : expériences d'enseignants*, Bruxelles, De Boeck, 1998.

DEJEAN J., *Analyse des pratiques d'éducation et de formation*, Paris, L'Harmattan, 1991.

ÉTIENNE R., « Comment développer l'analyse de pratiques professionnelles », in *Actes des journées du cinquantenaire des Cahiers pédagogiques*, Paris, Hachette, 1996, p. 266-270.

ÉTIENNE R., FUMAT Y., VINCENS C., *Analyser les situations éducatives*, Paris, ESF, 2003.

PAQUAY L., SIROTA R. (dir.), « Le praticien réflexif », *Recherche et formation*, INRP, 2001, n° 36.

PECHBERTY B., « De la formation à l'intervention : analyse des pratiques chez les enseignants du secondaire », *Pratiques d'intervention dans les institutions sociales et éducatives*, Paris, L'Harmattan, 2000, coll. « Savoir et formation ».

Innovation

ALTER N. (dir.), *Les Logiques de l'innovation, approche pluridisciplinaire*, Paris, La Découverte, 2002.

CROS F., *L'Innovation en éducation et en formation*, Bruxelles, De Boeck/INRP, 1996.

CROS F. (dir.), « Innovation et formation des enseignants », *Recherche et formation*, INRP, 1999, n° 31.

CROS F., *Politiques de changement et pratiques de changement : étude de trois dispositifs ministériels d'aide aux innovations en formation*, Paris, INRP, 2001.

CROS F., *L'Innovation scolaire*, Paris, INRP, 2001, coll. « Enseignants et chercheurs ».

Évaluer les pratiques innovantes, actes des journées d'études d'Arc-et-Senans, Ministère de l'Éducation nationale, Desco, CNDP, 2002, coll. « Pratiques innovantes ».

ÉTIENNE R., TOZZI M., *Quelle identité professionnelle pour notre métier ?*, CNDP-CRDP de Montpellier, 2001, coll. « Documents, actes et rapports pour l'éducation ».

GATHER THURLER M., *Innover au cœur de l'établissement scolaire*, Paris, ESF, 2001.

Innovation (L'), levier de changement dans l'institution éducative, Ministère de l'Éducation nationale, Desco, CNDP, 1999, coll. « Pratiques innovantes ».

Innover en éducation et en formation : la banque de données NOVA, un attracteur étrange, Paris, INRP, 2001.

JOUFFRAY C., « Les ressorts de l'innovation dans un établissement scolaire », in *L'Action sociale collective en collège*, Paris, L'Harmattan, 1998.

MONETTI V. (dir.), *Certitudes et paradoxes de l'innovation, états des lieux, états d'esprit*, Paris, INRP, 2002, coll. « Horizons pour la formation ».

TARDIF M., LESSARD C., *Le Travail enseignant au quotidien – expériences, interactions humaines et dilemmes professionnels*, Bruxelles, De Boeck, 2000.

Écriture sur les pratiques professionnelles

ALTET M., CHARLIER E., PAQUAY L., PERRENOUD P., « Démarche clinique, formation et écriture », in *Former des enseignants professionnels. Quelles stratégies ? Quelles compétences ?* Bruxelles, De Boeck, 1996.

BUCHETON D., CHABANNE J.-C., « Le mémoire comme élément de socialisation professionnelle », conférence d'ouverture du séminaire de La Grande-Motte, *Quelle écriture professionnelle pour l'écriture d'un mémoire ?*, Montpellier, pôle sud-est des IUFM, 1999. Consultable sur http://www.ac-montpellier.fr/ressources/memoires/Documentation/ACTESMOT.pdf

BUCHETON D., CHABANNE J.-C., *Parler et écrire pour penser, apprendre et se construire – L'écrit et l'oral réflexifs*, Paris, Puf, 2002, coll. « Éducation et formation ».

DUMONT M., REVUZ C., « Écriture, travail, formation », *Éducation permanente*, 1994, n° 120.

NONNON E., « Les interactions lecture-écriture dans l'expérience d'une écriture professionnelle », *Pratiques*, juin 1995, n° 86.

OROFIAMMA R., *Les Pratiques de formalisation des actions innovantes*, rapport d'études réalisé pour le ministère de l'Éducation nationale, 1997.

PERRENOUD P., *Développer la pratique réflexive dans le métier d'enseignant*, Paris, ESF, 2001.

TOZZI M., « Analyser les pratiques professionnelles d'enseignement et de formation : le rôle de l'écriture », *Artisans pédagogiques*, 1996, n° 13.

ANNEXE 1

Devenir accompagnateur

Martine Ferras, conseillère en formation et innovation, et Jean-Pierre Bouvat[112]*, principal de collège, académie de Montpellier, témoignent ici de leur première expérience d'accompagnement. Cet exemple a fait l'objet d'un débat au cours du colloque.*

Martine Ferras

« Il faut remonter à l'année 1999 pour expliquer comment s'est engagée cette innovation et ce qui a suivi, c'est-à-dire, le travail d'écriture, le bilan d'étape et la monographie[113]. Je faisais partie des CFE (conseillers en formation des établissements) et l'innovation était alors dans l'académie prise en charge par un autre bureau, « les innovalo » comme on les appelait. Bien que partie prenante dans les innovations depuis 1997, je n'avais pas en charge l'étude des dossiers et l'accompagnement à l'écriture. Les collègues qui validaient les actions innovantes avaient trouvé intéressant le dossier envoyé par la principale du collège. »

Jean-Pierre Bouvat

« Dès le départ (septembre 1999), la difficulté concernant ce projet fut de recentrer l'objectif. Le même groupe travaillait en effet sur deux thèmes : la compréhension des consignes et la liaison entre les classes de CM2/6e. Ces deux thèmes étant étroitement liés, cela générait une confusion dans l'esprit des collègues enseignants qui n'avaient pas pris toute la mesure de l'investissement demandé.

Il y avait une réelle volonté de la part du groupe, mais à travers cet objectif général s'emboîtaient en fait plusieurs besoins. Tout n'était pas simple. Il fallait clarifier les idées, dégager un objectif général, accepter les différentes propositions. Bref, il fallait affiner notre projet et revoir nos propres méthodes pédagogiques. Cela a demandé un certain temps et nécessité l'accompagnement d'un formateur. Les difficultés n'étaient pas résolues pour autant. Ce projet avait, certes, retenu l'attention des collègues de la mission "innovation et valorisation des réussites" et à ce titre, le projet recevait une aide, mais en retour un bilan d'étape était souhaité en fin d'année. »

112. Jean-Pierre Bouvat était principal-adjoint du collège Bourillon de Mende au moment où se déroulait le projet.

113. La monographie présentant le projet est consultable sur le site de l'académie de Montpellier, https://www.ac-montpellier.fr

Martine Ferras

« L'année 1999 s'était déroulée de façon un peu chaotique et les engagements pour l'année suivante réclamaient des éclaircissements et une négociation véritablement concertée, or cela n'a pas été le cas car chacun des partenaires est resté dans l'implicite. La principale souhaitait poursuivre l'action, le principal-adjoint souhaitait s'impliquer davantage dans le projet qui correspondait à un centre d'intérêt personnel. L'équipe bousculée, perturbée tout au long de l'année par le travail entrepris (liaison CM2-6e, visites actives, réflexion sur les consignes, formation à l'évaluation...) se trouvait coincée entre le désir de continuer sur le terrain son expérimentation et les injonctions que nous appellerons administratives émanant de la direction de l'établissement et de la mission "innovalo". Il fallait rendre un bilan d'étape sur ce qui avait été fait, s'engager dans une deuxième phase de l'action pour ne pas perdre les heures supplémentaires liées à ce projet, penser écriture et monographie pour l'année 2001. L'équipe est restée dans l'ambiguïté en rédigeant en juin 2000 un bilan assez hermétique où l'on parlait de code mais sans dire de quel code il s'agissait, en utilisant un langage – oserais-je dire codé ? – à la fois chargé de sens en interne et peu significatif pour un regard extérieur, volontairement ampoulé et légèrement vindicatif, sans que les destinataires soient explicités. En septembre 2000, j'hérite donc d'un bilan-étape intitulé "Réflexivité synthétique en lexicologie : repérage et partage de codes".

La première rencontre avec l'équipe est très courtoise, le travail engagé est devenu pour elle très clair. Il s'agit de construire un outil destiné aux enfants en difficulté, permettant la lecture efficace des consignes : ce sera un lexique... Mais, le groupe ne veut en aucun cas que sa réflexion pédagogique, son travail de recherche, ses tâtonnements soient connus, voire publiés, d'où la volonté d'être hermétique et de le rester (voir le titre du bilan d'étape). Si j'insiste sur ce point, c'est qu'il est important de comprendre dans quel état d'esprit, les uns comme les autres, nous nous sommes rencontrés. Je n'étais pas une inconnue, pas mal de travail ayant été réalisé en formation continue, je n'avais pas eu de difficulté à entrer en contact avec l'équipe de direction ou l'équipe des professeurs travaillant sur l'innovation, mais il a été plus difficile de se présenter en tant qu'accompagnatrice de l'innovation. Qu'est-ce ce que je pouvais bien accompagner ? Le travail, l'équipe, le projet ? Pas un mot sur l'écriture. Le groupe a discuté très librement avec moi mais il a fallu tout d'abord déployer des trésors d'empathie pour écouter l'équipe et ses doléances, une personne était très hostile à un engagement officiel ; il y avait beaucoup d'appréhension devant le travail à fournir (cette fameuse écriture !) et pas mal de réticences sur le plan "politique" : à savoir "que le travail ne serve surtout pas à une réforme supplémentaire ou à mettre en valeur des personnes qui sont étrangères au terrain".

Une rencontre CFI - principal-adjoint va bousculer la situation. En effet, dès la rentrée 2000, le principal-adjoint a proposé une nouvelle donne à l'équipe. »

Jean-Pierre Bouvat

« J'ai souhaité suivre le groupe, m'impliquer avec eux, les accompagner. Il me paraissait normal, voire indispensable d'être présent. J'avais une vision extérieure du problème, j'étais moins impliqué disciplinairement et je pouvais répondre aux problèmes pratiques d'organisation : établir un calendrier, préparer l'ordre du jour, faire les bilans des réunions. Si l'une des fonctions d'un personnel de direction est d'impulser des actions, les suivre leur donne tout leur sens. »

Martine Ferras

« En effet, le travail de l'équipe réclamait beaucoup d'investissement, des rencontres, des mises au point ; en outre, certains enseignants dans ce groupe poursuivaient en parallèle une liaison CM2-6e, grande dévoreuse de temps et d'énergie. Or, s'engager à fond dans l'innovation, c'était recevoir un financement pour aider l'action, des heures supplémentaires pour le fonctionnement et... l'écriture, et donc, de façon détournée, un dédommagement pour le travail innovant mais aussi pour le reste. En ce début d'année scolaire, la fin de l'année et la monographie apparaissaient bien lointaines encore, d'autant que le principal-adjoint (dont l'épouse était un point fort de l'équipe) et la CFI enthousiaste et impulsive, soucieuse de bien faire, ont brûlé leurs vaisseaux.

En tant qu'accompagnatrice "néophyte" de l'innovation, j'étais prête à soutenir l'équipe, recentrer l'objectif, écouter, prendre des notes. L'équipe avait besoin d'encouragements et d'écoute. Ils avaient aussi besoin d'un petit financement pour acheter des carnets et du petit matériel. Monsieur Bouvat et moi-même étions d'accord pour présenter clairement et précisément la situation à l'équipe : l'aide financière s'accompagne d'un travail d'écriture. L'équipe n'a pas dit non mais elle n'a pas dit oui. Tout a été dans la nuance et la négociation. C'est ici que l'ambiguïté sur l'accompagnement à l'écriture prend sa source : l'équipe a eu du mal à s'investir dans ce travail d'écriture puisqu'elle avait des relais sur lesquels s'appuyer. Le principal-adjoint prenait en charge l'organisation : planning des rencontres, brouillons tapés et mise au propre pour les réunions suivantes, bref il poursuivait son rôle de pilote. La CFI s'engageait (sans arrière-pensée, par insuffisance d'analyse et de réflexion) à faire la secrétaire, reprendre les objectifs, recentrer la démarche entreprise. Il y a eu beaucoup de doutes et d'échappées libres dans les réunions, il a fallu écouter, écouter, écouter encore sans trop donner de conseils mais plutôt proposer des reformulations, des embryons de solutions car les discussions étaient animées, pleines de perplexité et de découragement parfois. La CFI s'engageait à écrire ce qui avait été vécu, tout ce qui était en train de l'être et qui servirait à donner forme à ce qui semblait le plus facile à rédiger : description de l'action, organisation, fonctionnement. Nous avons signé le contrat et nous entrions à ce moment-là dans un processus différent : pour aider l'équipe à surmonter sa résistance à l'écriture nous avons tous joué la carte affective, copinage et manipulation les uns envers les autres, pour des raisons toutes aussi inavouables les unes que les autres : désir de se faire bien voir, de se voir reconnu, volonté de conserver l'autorité, de s'affirmer, crainte de se déstabiliser, de se remettre en question.

Le principal-adjoint poursuivait son engagement, la CFI prenait des notes, synthétisait, l'équipe expérimentait son travail et se réunissait régulièrement. Toutes les réunions étaient programmées : 8 novembre 2000, 19 décembre 2000, 31 janvier 2001, 26 avril 2001, 15 juin 2001… À ces réunions, la CFI ou le principal-adjoint étaient présents. Il était entendu que nous bâtirions ensemble le travail d'écriture : objectif, résumé de l'action, analyse. Le troisième trimestre a été l'heure de vérité. Pressé par le temps, il a bien fallu passer à la rédaction de la monographie.

Courrier du principal-adjoint en date du 18 mai 2001 :

"Chers collègues,

Voici le projet de document rédigé par Martine Ferras et moi-même que le rectorat nous demande dans le cadre des projets innovants pour le 27 mai prochain. Afin qu'il soit complet, je vous demande de bien vouloir rédiger votre analyse *zoom* et de me la rapporter le 23 mai, dernier délai, accompagnée des annexes citées en page 3 et 5.

Toute amélioration à ce document sera la bienvenue."

Chaque membre de l'équipe a réalisé un *zoom* sur ce qui dans l'expérience, l'avait enthousiasmé ou au contraire lui avait semblé lourd à porter, mais l'analyse et le nécessaire travail de prise de recul n'ont pas suivi. Le résultat n'a pas été à la hauteur des espérances car par manque de temps, lassitude, une réelle et profonde analyse du vécu n'a pas été restituée.

Sur une équipe de cinq personnes, deux ont rendu un travail d'une grande banalité, deux se sont réellement penchées sur leur expérience, ont fait part de leurs interrogations et de leurs doutes, la cinquième n'a rien écrit. Pourtant, plus tard, lors de la visite d'une autre équipe innovante de l'académie qui travaillait sur le même thème et qui avait souhaité nous rencontrer, deux membres de l'équipe m'ont reparlé de ce que nous avions vécu au moment de cette expérience et ils m'ont confié que finalement, l'innovation c'était bien. L'échange d'expérience (sur une journée) leur avait beaucoup plu parce que l'autre équipe avait rencontré les mêmes doutes, les mêmes difficultés et finalement ils avaient tous trouvé très intéressant d'en parler, mais pas d'aller jusqu'à l'écrire…

Ni la CFI ni le principal-adjoint ne pouvaient répondre à la place du groupe, sans doute n'avions-nous pas su les accompagner dans cette tâche car nous étions trop impliqués. J'ai beaucoup employé le "nous" car il est vrai que j'ai toujours été associée à toutes les actions, qu'il s'agisse des réunions de travail ou des repas plus conviviaux, voire des rencontres plus informelles en ville ou ailleurs.

Le colloque de La Grande-Motte a été pour moi un révélateur : il faut soi-même faire l'expérience de l'écriture sur ses propres pratiques pour pouvoir être un accompagnateur digne de ce nom. Avec le recul, je me dis que je suis entrée dans une histoire qui n'était pas la mienne, je l'ai investie, j'ai fait de l'interventionnisme plus que de l'accompagnement mais tant pis, on apprend par l'erreur.

L'"accompagnement" à l'écriture n'a peut-être pas donné une monographie exceptionnelle mais le travail réalisé par l'équipe l'a été ; d'ailleurs, elle continue à s'investir dans d'autres projets. »

ANNEXE 2

Accompagner une innovation par la recherche

Michel Tozzi, professeur en sciences de l'éducation à l'université Montpellier-III et Sylvain Connac, professeur des écoles, doctorant, témoignent ici en duo de leur expérience d'accompagnateur et d'accompagné. Leurs témoignages présentés en plénière au cours du colloque ont fait l'objet d'un débat.

L'accompagnement d'une innovation peut se faire par une démarche formative : aide à l'analyse des pratiques, notamment par l'écriture individuelle et/ou collective. Elle peut se faire aussi par la recherche. Il y a dans ce cas plusieurs formules possibles.

Ainsi un praticien, ou une équipe, peut faire appel à un chercheur pour l'aider à formaliser sa démarche innovante. En mettant à disposition des référents théoriques, il favorise au-delà d'une verbalisation voire d'une formalisation des pratiques, un début de théorisation, mais aussi souvent un infléchissement des pratiques. Souvent d'ailleurs le chercheur, arrivant avec ses propres hypothèses, entame un dialogue avec les praticiens, suggère des pistes, mais ce sont les praticiens qui jugeront de mettre en œuvre ou non, en les accommodant à leur personnalité et leur terrain...

Ou encore, un chercheur, individuellement ou avec son équipe, qui a besoin d'un terrain pour son travail, ou répond à un appel d'offre institutionnel, contacte des praticiens volontaires pour tenter une pratique innovante, les intéresse et les associe à un protocole qu'il a conçu pour vérifier des hypothèses, en négocie les modalités d'application sur le terrain, en suit l'expérimentation et en (co)évalue la pertinence. Il s'agit souvent d'une recherche-action, avec les « deux bords » de la recherche, praticiens et chercheur(s).

Troisième possibilité, un enseignant lancé dans une innovation veut l'accompagner d'une recherche personnelle (DEA, thèse...) et a recours à un universitaire comme directeur de recherche.

L'exemple des discussions à visée philosophique

Sylvain Connac, professeur des écoles en cycle 3 dans le réseau d'éducation prioritaire (Rep) du quartier de La Paillade à Montpellier, praticien et militant de la pédagogie coopérative, s'est lancé dans la mise en place dans sa classe, de discussions à visée philosophique (DVP)[114]. Cette pratique innovante l'a amené à s'engager dans un DEA puis une thèse à l'université de Montpellier-III.

Quel a été mon rôle de directeur de recherche ? D'abord, « négocier le sujet », en partant de la proposition de l'enseignant mais en l'intégrant dans mon propre champ de recherche sur la didactique de l'apprentissage du philosopher à l'école primaire. Ensuite, l'aider à faire un double « état des lieux » : état des lieux des recherches sur la question, c'est-à-dire connaissance et dépouillement des maîtrises, DEA, thèses, communications, articles, ouvrages, toutes publications existantes sur la philosophie pour ou avec les enfants, en France et à l'étranger (exemple : États-Unis, Québec, Belgique...), pour maîtriser « l'état de la question » sur ce sujet ; et s'agissant d'une innovation en France, état des lieux sur les pratiques en cours et sur les pratiques antérieures à l'étranger, leurs points communs et leurs différences, voire leurs divergences...

C'est également « aider à définir et préciser une problématique », c'est-à-dire à passer d'une thématique sur un sujet (DVP et classe coopérative) à l'élaboration d'un questionnement ciblé et la formulation d'hypothèses, par exemple : dans quelle mesure la pratique d'une classe coopérative peut-elle, en s'appuyant sur les *habitus* démocratiques acquis par les élèves, contribuer à la mise en place de DVP ? Inversement, en quoi la DVP peut-elle contribuer à enrichir les pratiques de la pédagogie institutionnelle, par l'apport dans son histoire d'une nouvelle « institution » ?

Il s'agissait aussi d'ancrer cette problématique dans son contexte d'« action située » dans une classe de cycle 3 d'une zone sensible, comportant trois niveaux permettant le suivi des enfants sur trois ans. Enfin et surtout, il fallait formuler cette problématique dans le cadre de champs théoriques délimités : d'une part, la didactique de l'apprentissage du philosopher, et ce d'autant que le doctorant n'avait pas de formation philosophique spécialisée et d'autre part, les présupposés de la pédagogie institutionnelle, pour bien articuler les deux aspects de la thématique.

Aider à mettre au point une méthodologie permettant de faire avancer le questionnement, de valider les hypothèses est toujours un point délicat pour un praticien qui fait de la recherche sur ses propres pratiques car l'implication personnelle et le manque de recul introduisent des biais qu'il faut travailler pour changer de posture et investir celle de chercheur. Il faut relativiser la portée de l'inscription singulière et contingente d'une pratique en contexte par rapport à des généralisations trop hâtives quant à la pratique et la recherche. *A fortiori* quand le praticien est un militant de l'éducation nouvelle car le militant a besoin de certitudes pour agir et convaincre... et le chercheur de doutes et de questions pour problématiser : une hypothèse intéressante est celle que l'on peut falsifier, ou au moins nuancer en cours de recherche, et non celle qu'on veut *a priori* démontrer !

D'où l'intérêt d'une démarche permettant de recueillir des données à partir du terrain, puis de les traiter avec méthode et rigueur : mise au

114. La monographie présentant le projet et son analyse est disponible sur le site de l'académie de Montpellier, https://www.ac-montpellier.fr

point d'un protocole de DVP d'un format et d'une régularité permettant des comparaisons et analyse de possibles progressions ; enregistrement des séances, transcriptions de *verbatim* selon des conventions linguistiques précises et permanentes au plus près de l'oral des élèves, analyses des scripts selon des critères à la fois démocratiques et philosophiques ; repérages sur ce dernier point des processus de pensée de problématisation, de conceptualisation et d'argumentation rationnelle à l'œuvre ; utilisation d'une triangulation des méthodes (diversité des approches), par exemple analyse de ses propres scripts, observation et analyse d'autres pratiques, ou entretiens...

S'agissant d'une innovation à l'initiative d'un praticien, le rôle du directeur de thèse est selon moi de laisser à l'acteur la plus grande marge de manœuvre dans sa pratique, pour ne pas brider la capacité d'inventivité de celui qui défriche et trace son propre chemin. En bordant au plus près du vent de l'innovation les avancées du terrain par un renvoi réflexif et outillé, celui qui n'est pas directement dans l'action a pour fonction de rappeler les exigences épistémologiques d'un travail universitaire, à la fois en ce qui concerne l'élaboration d'une problématique, la convocation de référents théoriques dans lesquels les questions prennent relief, la délimitation de démarches méthodologiques précises reconnues par les sciences humaines, sans lesquelles les conclusions manquent d'étayage.

Dans cette aventure à deux, le chercheur qui accompagne une recherche sur une pratique innovante est d'autant plus impliqué que celle-ci est située dans son propre champ de préoccupation, il doit donc travailler sa propre implication pour ne pas introduire lui-même des biais. Il reçoit autant qu'il donne car le praticien innovant le provoque à formuler de nouvelles questions de recherche, à tenter de formaliser et de théoriser de nouvelles pratiques. C'est d'ailleurs tout l'intérêt de suivre des recherches en rapport avec les siennes...

Mais qu'en pense le doctorant lui-même ?

« S'engager dans une recherche universitaire sous forme de thèse a longtemps été pour moi une entreprise hors de portée. Si elle correspond à la possibilité de devenir, l'espace de ces trois années, un “apprenti chercheur”, son éventuel aboutissement ne signifiera pas mes conditions à le devenir. Il s'agit donc bien d'un défi que je me suis lancé, celui de m'investir aussi loin que possible dans cet approfondissement intellectuel, au gré de mes propres capacités. Au résultat de m'indiquer la nature de mes aptitudes en la matière.

S'engager dans ce travail de fond se veut également pour moi une ascèse intentionnée. À travers elle, je compte que mes engagements militants pour une école visant la participation et l'authenticité des enfants trouvent des fondations autres qu'affectives et liées aux valeurs que je tente de susciter. Il s'agit, avec cette recherche, d'obtenir des repères personnels sur lesquels je vais pouvoir m'appuyer pour communiquer plus largement ce qui fonde les pratiques pédagogiques que je défends. Je crois, en effet, que si une grande partie des enseignants n'ose pas encore tenter l'aventure de la coopération, c'est plus par peur de l'inconnu que par opposition axiologique. À charge donc de ceux qui ont eu l'opportunité de mesurer empiriquement la teneur éducative de ces pratiques de "retourner l'ascenseur" à ceux qui ont permis leur découverte en devenant, à leur tour, d'éventuels relais à ce type d'approches. Ces témoignages n'ont pas pour visée de convaincre le commun des enseignants. Ils tendent plutôt à faire émerger les sentiments de confiance en soi et de capacité personnelle à entrer dans de telles dynamiques humaines. L'ambition est de permettre à chacun, grâce à ces propositions, de se sentir à la fois motivé et capable de réussir. Pour cela, il va s'agir de baliser un domaine pédagogique encore peu fréquenté, balisage qui correspond d'une part, à l'acte de présenter un approfondissement théorique de ses déterminants et d'autre part, la mise à disposition de quelques "poignées de soutien" qui guideront les premiers pas dans ces tentatives. À chacun de s'estimer capable de poursuivre le chemin ou au contraire de se reconnaître en décalage avec ce qu'il esquisse. Un éducateur est selon moi, avant tout, un bricoleur qui, à partir de ce qui est disponible sur son établi, choisit les instruments qui semblent le mieux lui convenir pour façonner l'œuvre qui est encore au stade de projet dans son esprit. J'accepte donc à travers cette recherche de montrer les vertus et quelques limites des moments à visée philosophique inscrits dans une classe coopérative.

Je suis pour cela accompagné par un directeur de recherche. Je ressens sa présence comme doublement bénéfique. D'abord parce qu'en tant qu'expert de la discipline étudiée, en l'occurrence la didactique de la philosophie, il est en mesure de me guider quant aux hypothèses que je formule, puis parce qu'universitaire de statut, il peut orienter mes pistes de travail vers plus de cohérence et une meilleure cohésion avec le monde universitaire. En d'autres termes, il évite que ce travail ne devienne une recherche seulement personnelle et totalement déconnectée des exigences du chercheur telles qu'elles sont entendues par la science. Cet accompagnement est d'autant plus apprécié qu'il ne se situe en aucune façon comme censure. Il se veut plutôt soutien, "à côté de...", motivant les possibles à émerger et les laissant grandir vers plus d'autonomie. Il ne s'agit pas pour autant de permettre les émergences les plus folles, mais aussi d'en indiquer les éventuelles dérives afin que ce partenariat s'exprime plus au plan des idées qu'au rapport interpersonnel. Un bon climat de relation est une condition de la rencontre et du travail partagé mais ne peut en aucun cas suffire pour garantir la validité des travaux. L'exigence de raison correspond donc à un critère de cet accompagnement. Nous avons engagé une sorte de contrat tacite où chacun de nous s'efforce de donner la pleine mesure à son investissement en échange de quoi les constructions co-établies se veulent durables, authentiques et valides au-delà du simple cercle formé par nos deux personnes. » (Sylvain Connac)

ANNEXE 3

« Soulever des lièvres... »

Philippe Laffont, enseignant en Segpa, collège de la Voie Domitienne, au Crès, académie de Montpellier, témoigne de la façon dont il a vécu l'accompagnement.

Dans quelles circonstances êtes-vous entré en relation avec le dispositif académique de soutien à l'innovation ?

Notre premier contact a eu lieu lors de la visite de Mme Koberich, conseillère en formation et innovation (CFI) du bassin de Montpellier, au collège de la Voie Domitienne, fin 2000. Christiane Mounoud a pris son relais à la rentrée 2001.

Notre équipe en Segpa (trois professeurs des écoles, deux PLP, une assistante sociale et une aide-éducatrice) travaille essentiellement la méthodologie de projets transversaux et pluridisciplinaires. Elle s'appuie ponctuellement sur les compétences techniques ou pédagogiques d'intervenants extérieurs. Malgré ces collaborations, nous avions pourtant conscience des risques liés au manque de regards critiques et neufs sur notre travail. Nous avons rapidement compris ce que la participation à un réseau académique, voire national, de pédagogues – *a fortiori* d'innovateurs – pouvait apporter à nos projets et donc à nos élèves.

Quelles étaient vos attentes initiales ?

Nous souhaitions bénéficier de l'expérience d'enseignants qui auraient déjà mis en place des projets similaires aux nôtres, de façon à gagner du temps et éviter des erreurs que d'autres auraient déjà commises. À l'inverse, nous voulions aussi apporter des idées et des solutions à ceux qui seraient intéressés par la mise en place des projets que nous menons. « L'autonomie de l'enseignant » ne doit pas se traduire par « la solitude de l'enseignant ». Celle-ci peut être réduite par une coopération en réseau, facilitée par les moyens modernes de communication.

Nous étions également en recherche d'un label « Éducation nationale » pour faciliter et légitimer le travail de prospection des partenaires extérieurs à notre structure (collectivités locales, associations, autres établissements de l'Éducation nationale).

Une des difficultés de la démarche par projets est d'avoir souvent « le nez dans le guidon », de travailler dans l'urgence permanente. Prendre le temps de rédiger des écrits permet de se poser, de prendre du recul. Les non-dits se transforment parfois en freins. Écrire pousse à verbaliser et à partager des difficultés qui seront ainsi plus facilement éliminées.

Quel bilan faites-vous de votre contractualisation par la Dafpi ?[115]

Notre CFI nous a soutenus dans la réalisation de nos projets et a su trouver les mots pour nous aider à rédiger de façon plus vivante et plus pragmatique nos présentations et nos bilans. Nous avons pu bénéficier de moments de débats originaux sur notre dynamique de groupe et sur la genèse de nos projets. Cet œil extérieur, parfois critique, a été une force de proposition et d'amélioration, une aide pour repérer et soulever les « lièvres ».

Nous avons pu participer à des rencontres académiques qui facilitent les échanges avec des personnes que nous n'aurions pas rencontrées autrement. La présentation de nos projets a été bien diffusée, sous forme de revue ou sur le site du rectorat. La consultation de plusieurs moteurs de recherches permet d'accéder rapidement à nos travaux.

Pourtant, nous n'avons eu aucun retour extérieur de ces présentations papier ou Internet. Aucune demande, aucune remarque. Nous-mêmes, d'ailleurs, n'avons pas eu cette démarche envers les autres projets innovants. Peut-être faudrait-il prévoir un forum et en faire la publicité ? Créer un lieu de débat, clairement identifié et connu par le plus grand nombre, permettrait probablement d'institutionnaliser les échanges entre « innovateurs » et entre enseignants en général…

115. Les sigles sont explicités en fin de brochure.

ANNEXE 4

Donner un élan

Martine Azais, Sylvain Connac, Colette Lombard, Cédric Léon, Mireille Rongier et Catherine Salze, professeurs des écoles, témoignent ici sur l'accompagnement dont leur équipe a bénéficié.

L'accompagnement de notre équipe innovante par un conseiller en formation et en innovation (CFI) s'est traduit par le suivi et la participation à une série de réunions, ainsi que par une aide à l'écriture et à la relecture de la monographie demandée. Notre équipe s'était constituée autour du projet de proposer aux enfants de nos classes des activités à visée philosophique.

Plusieurs raisons nous ont amenés à reconnaître tout l'intérêt d'un tel accompagnement. Nous aimerions d'abord dire que le recul de la CFI par rapport à l'action que nous menions s'est révélé positif. Bien qu'ayant été au début de sa carrière une enseignante d'école primaire, son extériorité actuelle lui permettait de nous faire part de remarques et de réactions sur notre action visant à l'enrichir de manière certaine. De plus, ces apports nous ont aidés à la mise en place du projet et à la finalisation de la monographie. Elle n'était pas complètement dans notre équipe mais pas en total décalage, elle a été la première par exemple en mesure de nous demander si l'écrit proposé était d'accès facile à des enseignants étrangers à notre équipe et à nos pratiques.

Ensuite, cet accompagnement n'a été vécu en aucune façon de notre point de vue comme une évaluation ou un contrôle. Au contraire, il nous a permis de trouver un équilibre entre la liberté d'action inhérente aux innovations et la garantie de ne pas extrapoler nos intentions à travers des projets trop spécifiques et difficilement communicables. L'effet d'un tel équilibre a été, en ce qui nous concerne, de donner un élan conséquent à notre projet, de parfaire les motivations individuelles et donc de susciter de la perfectibilité.

Une troisième raison, plus pragmatique mais non moins importante, réside dans la qualité des relations et la chaleur humaine qui se sont construites au fil des rencontres. Ce ne peut être le seul élément conduisant à ce que ce partenariat aboutisse mais il a été reconnu par chacun de nous comme extrêmement facilitateur et constitutif d'un climat de sécurité, de respect mutuel et de coopération entre les personnes.

Au terme de ce parcours et, bien que les objectifs ne soient pas tous identiques, nous émettons l'hypothèse que les inspections auxquelles nous sommes soumis en tant qu'enseignants auraient tout intérêt à s'inspirer du modèle qu'offre cet accompagnement. Il permet d'abord de disposer d'une connaissance profonde des projets menés sur le terrain et donc, éventuellement, d'y apporter un regard critique éclairé. Il développe également une forme de valorisation des engagements, ce qui suscite un désir plus fort d'enseigner. C'est en somme une approche qui pourrait conduire un grand nombre de professeurs à se sentir davantage investis d'une mission éducative et de fait à donner plus de sens à leur métier. Une question reste toutefois à approfondir. Nous n'avons pas été obligés de nous engager dans cette action innovante et de profiter de cet accompagnement. Le volontariat est-il donc une condition de réussite de ce type de partenariat ?

ANNEXE 5

Contrat type utilisé dans l'académie de Montpellier

Pôle académique de soutien à l'innovation

La délégation académique à la formation et à l'innovation a pour mission d'impulser, de repérer, d'accompagner et d'aider à la diffusion de l'innovation. Elle accomplit cette mission dans le cadre d'une politique nationale en faveur de l'innovation conduite par la direction de l'enseignement scolaire (Desco, bureau de la valorisation des innovations pédagogiques). Pour mener à bien cette tâche, la Dafpi propose un accompagnement aux établissements et aux équipes qui s'engagent à rechercher des voies nouvelles pour l'intégration et la réussite des élèves.

Cet accompagnement peut notamment se traduire par une contractualisation : une aide (HSE, subvention, accompagnement par un CFI...) peut être apportée pour décrire, analyser et faire vivre des expériences ou pour produire des outils ou des séquences pédagogiques. Les conseillers en formation et innovation sont chargés de mettre en œuvre ces contrats et d'accompagner les équipes innovantes.

Contrat

Entre l'équipe innovante de l'école ou de l'établissement suivant (nom, adresse, ville) :

animant le projet intitulé :

composée de :

animateur (nom, prénom, fonction) :

membres de l'équipe (nom, prénom, fonction) :

chef d'établissement / directeur / IEN :

Et le pôle académique de soutien à l'innovation, représenté par le délégué académique à la formation et à l'innovation, et Mme/M. .... du CFI du bassin de ....

Il est convenu que le présent contrat signé pour la durée de l'année scolaire 2002-2003 pourra / ne pourra pas être renouvelé en 2003-2004.

Les partenaires prennent les engagements suivants :

La délégation académique s'engage à :

– suivre et accompagner l'action innovante en apportant une aide méthodologique à l'analyse de pratique, à la conceptualisation et au travail d'écriture ;

– attribuer une dotation de .... HSE, à répartir entre les membres de l'équipe (répartition à communiquer à la Dafpi). Ces HSE sont destinées à rétribuer le travail de conception, d'analyse et d'écriture, et non le travail avec les élèves ;

– faciliter la réalisation de l'action, notamment en attribuant éventuellement une subvention de fonctionnement d'un montant de............,

– favoriser la diffusion de l'action innovante dans l'académie et au niveau national (mise en ligne des productions, diffusion papier, manifestation...).

L'équipe s'engage à :

– poursuivre le développement, l'analyse et l'évaluation de son projet ;

– produire le travail d'écriture suivant : bilan d'étape, monographies ou outils pédagogiques qui doivent répondre aux critères définis par la Dafpi. Ci-joint les consignes d'écriture pour les bilans intermédiaires et les monographies ;

– participer à des rencontres et à des réunions animées par le CFI pour l'analyse du projet et la préparation du travail d'écriture selon le calendrier suivant (au moins deux rencontres par trimestre) ;

– accepter la diffusion de son action par l'équipe académique et à participer à des rencontres d'échange, de témoignage et d'analyse :

  - rencontre académique du .... (participation d'au moins un membre de l'équipe),
  - module « Écrire sur ses pratiques professionnelles » le .... (au moins une personne par équipe).

Fait à	le ....
Le Délégué académique	Le Chef d'établissement/ Le Directeur/L'IEN
Le (la) CFI	L'équipe ou son représentant

ANNEXE 6

Esquisse de charte de l'accompagnement

Document réalisé au cours des travaux en atelier, il s'agit d'un document de travail.

Nul ne peut être contraint à être accompagné.

Tout processus d'accompagnement repose sur la libre acceptation des équipes en pleine connaissance de ce à quoi elles s'engagent.

Le rôle de chacun doit être explicité.

L'accompagnement doit mettre en place un cadre structurant, sécurisant, permettant l'autonomie, l'accompagnateur en est le garant.

L'accompagnement s'inscrit dans un cadre institutionnel. Les accompagnateurs bénéficient d'une formation et d'une supervision ; ils sont eux-mêmes accompagnés.

L'accompagnement se construit autour des besoins de l'équipe. L'accompagnateur permet l'expression de ses besoins, il libère la parole et négocie les modalités de cheminement.

L'accompagnement se vit dans le cadre d'une relation non hiérarchique et dans le respect d'une double loyauté :
– vis-à-vis de l'équipe,
– vis-à-vis de l'institution Éducation nationale.
L'accompagnateur est porteur de cette double loyauté.

L'accompagnement s'inscrit dans une durée déterminée. La relation établie est professionnelle et prend en compte la situation unique de l'équipe, de son histoire.

Annexe 7

Liste des principaux sigles utilisés

ARPEC : association régionale pour la promotion pédagogique et professionnelle dans l'enseignement catholique

ATOS ou ATOSS : personnel administratif, technique, ouvrier, de service et de santé

CERFEE : centre de recherches sur les formes d'éducation et d'enseignement, université Paul-Valéry, Montpellier-III

CFI : conseiller en formation et en innovation, dans l'académie de Montpellier

CNIRS : conseil national de l'innovation pour la réussite scolaire créé en octobre 2001 par Jack Lang, ministre de l'Éducation nationale

CPE : conseiller principal d'éducation

DAFPI : délégation académique à la formation des personnels et à l'innovation, académie de Montpellier

DESCO : direction de l'enseignement scolaire, ministère de la Jeunesse, de l'Éducation nationale et de la Recherche

ECJS : enseignement civique, juridique et social, dispensé dans les classes de lycée

GAP : groupe d'approfondissement professionnel

GEASE : groupe d'entraînement à l'analyse des situations éducatives

IRSA : institut de recherches sociologiques et anthropologiques, université Paul-Valéry, Montpellier-III

IUFM : institut universitaire de formation des maîtres

MAFPEN : missions académiques à la formation des personnels de l'Éducation nationale, 1981-1995

PPCP : projet personnel à caractère professionnel
travail interdisciplinaire effectué par les élèves de lycée d'enseignement professionnel, encadré conjointement par deux professeurs de disciplines différentes

TPE : travaux personnels encadrés
travaux interdisciplinaires effectués par les élèves de première et terminale des lycées d'enseignement général, encadrés conjointement par deux professeurs de disciplines différentes

UNAPEC : union nationale pour la promotion pédagogique et professionnelle dans l'enseignement catholique

ANNEXE 8

Les intervenants du colloque

Le colloque dont les actes sont publiés dans cette brochure a été organisé par la Dafpi (délégation académique à la formation des personnels et à l'innovation) de l'académie de Montpellier en partenariat avec le département des sciences de l'éducation de l'université de Montpellier-III et l'IUFM, avec l'aide du bureau de la valorisation des innovations pédagogiques de la direction de l'enseignement scolaire, ministère de la Jeunesse, de l'Éducation nationale et de la Recherche et la participation du Crap.

Le responsable scientifique de ce colloque était Michel TOZZI, professeur des universités. L'équipe d'encadrement était composée de Jean-Paul UDAVE, adjoint du délégué académique à la formation de personnels et à l'innovation, Brigitte CALA et Marie-Lucy DUMAS, collaboratrices Dafpi, Patrick ROBO, chargé de mission IUFM de Montpellier, Danielle ALEXANDRE, bureau de la valorisation des innovations pédagogiques, direction de l'enseignement scolaire, ministère de la Jeunesse, de l'Éducation nationale et de la Recherche.

Les participants étaient des acteurs du système éducatif ayant une expérience d'accompagnateur ou une expérience d'accompagné dans les académies de Montpellier, Aix-Marseille, Clermont-Ferrand, Corse et Grenoble.

Intervenants

Guy BERGER : professeur émérite, université de Paris-VIII.

Richard ÉTIENNE : maître de conférences, sciences de l'éducation, université Paul-Valéry, Montpellier-III.

Christine FAUCQUEUR : chef du bureau de la valorisation des innovations pédagogiques, direction de l'enseignement scolaire, ministère de la Jeunesse, de l'Éducation nationale et de la Recherche.

Monique LAFONT : responsable de la mission formateurs, service pédagogie et formation, Unapec, Paris.

Michel TOZZI : professeur en sciences de l'éducation à l'université Montpellier-III, directeur du Centre d'étude et de recherche sur les formes d'éducation et d'enseignement (Cerfee-Irsa).

Animateurs d'ateliers

Danielle ALEXANDRE : chargée d'études, bureau de la valorisation des innovations pédagogiques, direction de l'enseignement scolaire, ministère de la Jeunesse, de l'Éducation nationale et de la Recherche.

Christiane ANGLES-MOUNOUD : conseillère en formation et innovation, académie de Montpellier.

Brigitte CALA : responsable de formation, Dafpi, académie de Montpellier.

Kristel GODEFROY : professeur des écoles, académie de Caen, responsable du pôle accompagnement de l'enfant et de sa famille à l'association des pupilles de l'enseignement public de Loire-Atlantique ; animatrice, dans le cadre de la formation au management de Gease auprès de chefs d'établissements et de cadres administratifs de l'Éducation nationale.

Marie-France FERRER : conseillère en formation et innovation, académie de Montpellier.

Armelle GUILLEMOT : formatrice Dafpi, académie de Montpellier.

Christiane KOBERICH : conseillère en formation et innovation, académie de Montpellier.

Salim MOKADDEM : IUFM de Montpellier.

Patrick ROBO : chargé de mission, formation de formateurs, IUFM de Montpellier.

Jean-Paul UDAVE : adjoint au Dafpi.

Imprimé sur les presses de Desmet Laire,
19, rue des Résistants – 7750 Mont de l'Enclus – Belgique
Dépôt légal : novembre 2003